Schiedsspruch

in dem

Rechtsstreite über die Thronfolge

im

Fürstenthum Lippe.

Wortgetreuer,
unter Zustimmung der Parteien veröffentlichter Abdruck
mit
drei Anlagen.

Leipzig,
Verlag von Veit & Comp.
1897.

Verlag von Veit & Comp. in Leipzig.

DIE VOLKSWIRTHSCHAFTLICHE ENTWICKLUNG
BULGARIENS
VON 1879 BIS ZUR GEGENWART.

Nach amtlichen Quellen bearbeitet

von

Franz Joseph Prinz von Battenberg.

Roy. 8. geh. 6 *M.*

GRIECHISCHE DENKER.
Eine Geschichte der antiken Philosophie

von

Dr. Theodor Gomperz,

Professor an der Universität Wien.

Erster Band.

gr. 8. 1896. geh. 10 *M*, in Halbfr. geb. 12 *M.*

Vollständig in drei Bänden.

In einem seiner letzten Briefe schreibt Theodor Billroth aus Abbazia unterm 20. Januar 1894 an einen Wiener Freund:

„Hast Du schon die beiden ersten Hefte von Th. Gomperz' »Griechischen Denkern« gelesen? Wenn nicht, so nimm sie auf die nächste Reise mit. Es wird eines der schönsten Bücher aus dem letzten Viertel unseres Jahrhunderts, und dabei großartig schön, fast graziös geschrieben."

DER SOUVERÄNETÄTSBEGRIFF
BEI DEN FRANZÖSISCHEN THEORETIKERN,
VON JEAN BODIN BIS AUF JEAN JACQUES ROUSSEAU.

Ein Beitrag zur Entwickelungsgeschichte des Souveränetätsbegriffes.

Von

Dr. jur. Max Landmann.

gr. 8. 1896. geh. 4 *M.*

Der Staatshaushalt des Königreichs Sachsen
in seinen verfassungsrechtlichen Beziehungen und finanziellen Leistungen.

Von

Dr. Ernst Löbe,

Königl. Sächs. Zoll- und Steuerdirektor.

Mit einer graphischen Darstellung.

gr. 8. 1889. geh. 7 *M.*

Schiedsspruch

in dem

Rechtsstreite über die Thronfolge

im

Fürstenthum Lippe.

Wortgetreuer,
unter Zustimmung der Parteien veröffentlichter Abdruck
mit
drei Anlagen.

Leipzig,
Verlag von Veit & Comp.
1897.

Druck von Metzger & Wittig in Leipzig.

In dem Rechtsstreite über die Thronfolge in dem Fürstenthume Lippe hat das auf Grund des Schiedsvertrages vom 25./29. Juni, 3. Juli 1896 aus

Seiner Majestät dem Könige Albert von Sachsen, als Vorsitzenden,

dem Reichsgerichts-Präsidenten, Wirklichen Geheimen Rath Dr. v. Oehlschläger, Excellenz,

den Senatspräsidenten beim Reichsgerichte Dr. Bingner und Dr. Peterssen,

den Reichsgerichtsräthen Dr. Bolze, Müller und von Ege

gebildete

Schiedsgericht

in seiner Sitzung vom 22. Juni 1897 die ihm durch den Schiedsvertrag vorgelegte Frage dahin entschieden:

Seine Erlaucht der Graf Ernst Casimir Friedrich Karl Eberhard, Graf und Edler Herr zur Lippe-Biesterfeld ist nach Erledigung des zur Zeit von Seiner Durchlaucht dem Fürsten Karl Alexander zur Lippe innegehabten Thrones zur Regierungsnachfolge in dem Fürstenthume Lippe berechtigt und berufen.

Begründung.

Der gemeinsame Stammvater aller vier noch lebenden Linien des Gesammthauses Lippe — der regierenden Hauptlinie und der drei streitenden Nebenlinien — war Simon VI., gestorben 1613. Von dessen Söhnen kommen nur noch der älteste, Simon VII., und der jüngste, Philipp, in Betracht. Von Simon VII. stammen die regierende Hauptlinie Lippe-Detmold, fürstlich seit 1789, deren einziger lebender Sprosse der regierende, wegen Krankheit durch einen Regenten vertretene, Fürst Karl Alexander ist, und die gräflichen

Linien Lippe=Biesterfeld und Lippe=Weißenfeld, von denen erstere die ältere ist. Von Philipp, dem jüngsten Sohne Simons VI., stammt die vierte Linie, Lippe=Alverdissen, seit dem Erwerbe der Grafschaft Schaumburg Schaumburg=Lippe genannt, fürstlich seit 1807. Die früher noch vorhanden gewesene Nebenlinie Lippe=Brake ist schon im Jahre 1709 erloschen.

Die streitenden Theile sind darüber einig, daß für die Thronfolge=Ordnung im Lippeschen Gesammthause agnatische Linealfolge und Primogenitur=Ordnung maßgebend ist, und daß danach im Falle des Erlöschens der Detmolder Hauptlinie die Nebenlinien in folgender Ordnung zur Successiou berufen sein würden:

1. Lippe=Biesterfeld,
2. Lippe=Weißenfeld,
3. Schaumburg=Lippe,

daher an erster Stelle der Graf Ernst zur Lippe=Biesterfeld als Chef der Linie Lippe=Biesterfeld.

Bestritten dagegen und zunächst Gegenstand des zu entscheidenden Streits ist die Thronfolgefähigkeit der beiden älteren Nebenlinien wegen behaupteten Mangels der Ebenbürtigkeit. Insbesondere wird

erstens die im Jahre 1803 von dem Grafen Wilhelm Ernst, dem Großvater des gegenwärtigen Chefs der Biesterfelder Linie, mit Modeste von Unruh geschlossene Ehe, aus der alle jetzt lebenden Angehörigen dieser Linie stammen, von beiden nachstehenden Linien als unebenbürtig bezeichnet; von Schaumburg=Lippe, weil nach Deutschem Reichsrechte uud Lippeschem Hausrechte hoher Adel der Frau oder doch kaiserliche Ebenbürtigkeitserklärung ein Erforderniß der Ebenbürtigkeit, daher der Thronfolgefähigkeit der Descendenz sei, von Lippe=Weißenfeld, weil hierfür nach Lippeschem Hausrechte zwar niederer Adel genüge, aber nur wenn er titulirt, mindestens mit dem Freiherrntitel verbunden sei. Beide jüngere Linien gehen davon aus, daß Modeste von Unruh entweder überhaupt nicht adelig, oder doch höchstens von nicht titulirtem niederen Adel gewesen sei.

Zweitens wird die im Jahre 1804 geschlossene Ehe des Grafen Ferdinand, des Großvaters des jetzigen Chefs der Weißenfelder Linie, mit der Reichsfreiin Gustave von Thermo von der Linie Schaumburg=Lippe als unebenbürtig angesehen, weil sie dem zur Ebenbürtigkeit unumgänglichen Erfordernisse des hohen Adels der

Braut nicht entsprochen habe. Daneben wird von derselben Seite das gleiche Bedenken erhoben gegen die Ehe des Grafen Friedrich Johann Ludwig mit der Gräfin Marie Eleonore von Gersdorf-Baruth (1772), des Grafen Christian mit der Gräfin Friederike von Hohenthal-Königsbrück (1809), seines Sohnes Franz mit Marie Freiin von Beschwitz (1859) und des Grafen Ludwig mit der Gräfin Auguste von Hohenthal-Königsbrück (1811).

Die beiden älteren Nebenlinien weisen andererseits darauf hin, daß, wenn die genannten Ehen unebenbürtig seien, das gleiche Bedenken sämmtlichen Mitgliedern der jüngsten Nebenlinie Schaumburg-Lippe entgegenstehe wegen der im Jahre 1722 geschlossenen Ehe des Grafen Friedrich Ernst von Lippe-Alverdissen, des Stammvaters der sämmtlichen lebenden Mitglieder der Linie Schaumburg-Lippe mit Philippine Elisabeth von Friesenhausen.

Die für die Entscheidung der streitigen Punkte maßgebenden Rechtssätze werden von den Parteien nicht nur aus dem gemeinen deutschen Privatfürstenrechte, sondern auch aus dem besonderen, theils auf Hausgesetzen, theils auf Observanz beruhenden, Rechte des Lippeschen Hauses entnommen. Fürsorglich machen die beiden Linien Biesterfeld und Weißenfeld noch geltend, daß ihre Agnaten-Eigenschaft durch mehrere Vorgänge in der ersten Hälfte dieses Jahrhunderts anerkannt und festgestellt sei.

Bei diesem Stande der Streitsache ist zunächst zu prüfen, ob Modeste von Unruh ihrem Gemahl ebenbürtig war; erst wenn dies verneint werden sollte, ist die Thronfolgefähigkeit der jüngeren Linien, und zwar zunächst der Weißenfelder event. der Schaumburger Linie zu untersuchen. Insbesondere ist nicht anzuerkennen, daß aus der staatsrechtlichen Stellung des Herrn Fürsten von Schaumburg-Lippe als Deutschen Souverains dessen Ebenbürtigkeit und Thronfolgefähigkeit im Fürstenthume Lippe ohne weiteres folge; denn es handelt sich hier nicht um seine, zweifellos vorhandene Ebenbürtigkeit mit den übrigen in Deutschland regierenden Häusern, sondern darum, ob er Lippischer Agnat und als solcher zur Thronfolge berufen ist.

Die Entscheidung darüber, ob Modeste von Unruh ebenbürtig war, ist von der Feststellung ihres Geburtsstandes und davon abhängig, ob dieser den Ebenbürtigkeitsgrundsätzen des anzuwendenden objektiven Rechts genügte. Sie war unstreitig die eheliche Tochter des preußischen Generals Karl Philipp von Unruh und dessen erster Gemahlin geborenen von Kamecke; bestritten dagegen wird von der Weißenfelder und der Schaumburger Linie, daß dieser General aus der altadeligen Familie von Unruh stammte, und der Herr Graf von Lippe-Biesterfeld giebt zu, daß ein urkundlicher Nachweis über die Personen der Eltern des Generals nicht zu erbringen ist. Zwar wird er in einer bei dem Oberhofmarschallamte in Dresden aufbewahrten, für den Grafen Alfred von Hohenthal, den Sohn einer Schwester der Modeste, ausgestellten und von vier hochangesehenen sächsischen Adeligen bezeugten Ahnentafel als ein Sohn des Sigismund von Unruh auf Punitz und dessen Gemahlin Ursula Elisabeth gebornen von Schweinitz bezeichnet; aber es kann nach den angestellten Ermittelungen nicht wohl zweifelhaft sein, daß diese Personen seine Eltern nicht gewesen sind. Als sein Geburtstag ist der 6. März 1731, als der seiner Mutter der 16. Juni 1673 angegeben. Hiernach würde schon aus natürlichen Gründen diese Abstammung unwahrscheinlich sein; außerdem aber ist in der Schrift des Dr. Kekulé v. Stradonitz „Die Ahnen der Modeste von Unruh“ überzeugend dargelegt, daß Ursula Elisabeth von Schweinitz schon im Jahre 1728, also mehrere Jahre vor der Geburt des Generals gestorben ist. Nun sind zwar nachträglich erhebliche Zweifel entstanden, ob die aus verschiedenen Quellen entnommene Angabe seines Geburtstags richtig ist; aber diese Zweifel, namentlich die unter sich wiederum abweichenden Altersangaben in den Regimentslisten, sprechen nur dafür, daß er noch später, etwa in den Jahren 1733—1735 geboren sei, und dann würden, wenn dies richtig ist, die hervorgehobenen Bedenken noch erheblich verstärkt werden. Ein Geburtsschein des Generals hat trotz der eingehendsten Nachforschungen nicht herbeigeschafft werden können; es hat sich nicht einmal ermitteln lassen, zu welcher Linie des sehr verbreiteten von Unruh'schen Geschlechts er zu zählen ist, nicht einmal ob er aus Polen oder Schlesien stammt. Denn der Versuch, ihn als Abkömmling der freiherrlichen Wendstädter Linie nachzuweisen, scheitert daran, daß die angeführten Umstände diesen Schluß nicht zulassen. Mehr spricht allerdings für seine eigene, in einem Scheel'schen Briefe an den Ordensrath König erwähnte und durch den Inhalt einer Quartierliste unterstützte Angabe, daß Alexander von Unruh in Döbbernitz der Halbbruder seines Vaters sei, und die Möglichkeit, daß er ein Sohn eines dieser Halbbrüder, namentlich des Bogislav von Unruh gewesen sei, kann wegen der Unsicherheit seines Geburtstages durch die Ausführungen in der Kekulé'schen Schrift nicht als widerlegt gelten; aber auch für diese Annahme fehlt es an genügenden Nachweisungen. Trotz aller dieser Bedenken aber und der Unmöglichkeit, eine bestimmte Person als seinen muthmaßlichen Vater zu bezeichnen, sprechen überwiegende Gründe dafür, daß er ein legitimes Mitglied der von Unruh'schen Familie gewesen ist.

Es steht zunächst fest, daß der General Karl Philipp von Unruh in seiner Jugend Page beim General von Treskow in Stettin gewesen ist. Es mag richtig sein, daß für diese Pagen ein strenger Nachweis des Adels nicht erfordert wurde; aber schon nach den Anschauungen der damaligen Zeit, dem Zwecke des Instituts der Generalspagen — die ebenso wie die Hof- und Leib-Pagen und die Kadetten zur Ergänzung des Offiziercorps bestimmt waren —, dem engen Familienverkehr, in den diese Pagen zu der Familie des Generals traten, muß in Uebereinstimmung mit den Ausführungen des Geheimen Archivraths von Mülverstedt sowie des Hauptmanns von Scharfenort, des Verfassers des Buches „Die Pagen am brandenburgisch-preußischen Hofe", als höchst unwahrscheinlich angesehen werden, daß der General von Treskow als seinen Pagen einen Knaben angenommen haben sollte, dessen engere Familie ihm unbekannt, — dessen Adel und namentlich legitime Abstammung ihm irgend zweifelhaft war. Dazu kommt, daß später Karl Philipp von Unruh über 50 Jahre im Preußischen Heere diente und bis zu den höchsten Stellen aufstieg, daß er stets unbeanstandet den Namen und das Wappen Derer von Unruh führte, während gleichzeitig, zum Theil in derselben Gegend, eine größere Zahl von Mitgliedern dieser Familie preußische Offiziere waren. Ja, als er von dem durch seine genealogischen Schriften bekannten Ordensrath König um Nachrichten über seine Familie gebeten wurde, ließ er ihm in dem schon erwähnten Briefe den Alexander von Unruh in Döbbernitz als den Halbbruder seines Vaters bezeichnen und verwies ihn an diesen Oheim, der viele Nachrichten über das von Unruh'sche Geschlecht geben könnte und würde. Die Annahme ist völlig ausgeschlossen, daß Karl Philipp von Unruh in seiner damaligen Stellung als Major dies gethan haben würde, wenn nur irgend ein Zweifel an der Richtigkeit dieser Verwandtschaft bestanden hätte. Er muß sogar stets von den Mitgliedern des von Unruh'schen Geschlechts als zu diesem gehörig angesehen sein, da sie ihn in ihrer Genealogie und in ihren Stammbäumen zu den ihrigen zählen, allerdings ihm dieselbe unrichtige Stelle in der Stammfolge anweisen, wie es in der Hohenthal'schen Ahnentafel geschehen ist.

Er war zweimal verheirathet, in erster Ehe mit einem Fräulein von Kamecke, in zweiter mit einem Fräulein von Manstein. Beide gehörten zu altadeligen Familien, in denen daher Zweifel an seiner rechtmäßigen Abstammung aus der Familie von Unruh wohl nicht bestanden haben werden. Ebensowenig bei dem Grafen zur Lippe-Biesterfeld und dem Grafen von Hohenthal, mit denen seine Töchter sich verheiratheten, auch nicht bei den in den höchsten Stellungen befindlichen vier sächsischen Adligen, die unter der genannten Hohenthal'schen Stammtafel bezeugen, „daß die hierbei bemerkten und aufgezeichneten Ahnen jederzeit dafür gehalten und angenommen worden."

Endlich war der General Inhaber des rothen Adlerordens, und sein Sohn wurde als Johanniterritter aufgenommen. War auch Beides zu der betreffenden Zeit für Nichtadlige erreichbar, so doch nur in seltenen Ausnahmefällen.

Nun fehlt zwar die Geburtsurkunde, und die Möglichkeit einer anderen Herkunft muß trotz aller dieser gewichtigen Indicien zugegeben werden. Berücksichtigt man aber die Unsicherheit des Geburtsortes, des Geburtstages und sogar des Geburtsjahres, die Ungenauigkeit der Kirchenbücher in der damaligen Zeit, die Zerstörung vieler solcher Bücher in Schlesien und Polen in den Kriegen der nachfolgenden Zeit, die häufig vorkommende Sorglosigkeit in der Beschaffung der Nachweise über den Personenstand, und die großen Schwierigkeiten, jetzt nach weit über 100 Jahren den Zusammenhang mit der Familie aufzuklären, der damals vielleicht allbekannt war und keiner urkundlichen Feststellung bedürftig schien, so kann auf Beides ein erhebliches Gewicht nicht gelegt werden. Vielmehr hat trotz jener, wegen der menschlichen Unvollkommenheit bei den meisten, auch urkundlichen Beweisen bleibenden Möglichkeit das Schiedsgericht aus den hervorgehobenen Umständen die volle Ueberzeugung gewonnen, daß der General Karl Philipp von Unruh, daher auch dessen Tochter Modeste auf Grund legitimer Abstammung Mitglieder der altadligen Familie von Unruh waren.

Dies würde allerdings nicht genügen, wenn es sich um die Beerbung einer bestimmten Person handelte, und die Nähe der Verwandtschaft dargethan werden müßte, oder wenn der Nachweis einer bestimmten Zahl von Ahnen nöthig sein sollte; die Ueberzeugung aber, daß Jemand zu einem bestimmten Adelsgeschlechte gehörte, kann aus den Umständen auch ohne den Nachweis der Abstammung von bestimmten Personen gewonnen werden. Dagegen ist nicht erwiesen, daß der General und seine Tochter Modeste zur Führung des freiherrlichen Titels berechtigt waren; die für den Zusammenhang mit der freiherrlichen Wendtstädter Linie angeführten Umstände sind nicht schlüssig, und ebensowenig ist es zum Nachweise ausreichend, daß in ihrem Ehevertrage Modeste als Freifräulein, ihr Vater als Freiherr bezeichnet ist. Auch stehen nicht mehr als zwei adlige Ahnen der Modeste von Unruh fest, da es an jedem Anhaltspunkte dafür fehlt, wer die Mutter des Generals gewesen ist. —

Für die fernere Frage, ob auf Grund dieses Geburtsstandes Modeste von Unruh ebenbürtig war, ist zunächst entscheidend das Recht des dem hohen Adel angehörigen, daher zu autonomischen Satzungen in dieser Materie befugten Hauses Lippe; erst wenn es an solchen auf Hausgesetz oder Herkommen beruhenden Bestimmungen fehlt, ist nach dem gemeinen Privatfürstenrechte zu entscheiden, stets aber die Rechtsnorm anzuwenden, die zur Zeit der Eingehung der in Frage stehenden Ehe bezüglich der Ebenbürtigkeit in Geltung war.

Um zu einem folgerichtigen Ergebnisse zu gelangen, sind jedoch trotz des Vorranges des Hausrechts zunächst die Grundsätze des gemeinen Rechts festzustellen, da dieses so lange anzuwenden ist, als nicht abweichende, seien es strengere oder mildere, aus dem Hausrechte nachzuweisen sind. Denn es ist davon auszugehen, daß auch das Haus Lippe den gemeinrechtlich zur Geltung gelangten Grundsätzen über die Ebenbürtigkeit sich unterwerfen wollte, wenn es nicht deutlich erkennbar davon abweichende aufstellte. Daher wird, obgleich man bei der Ermittelung der anzuwendenden Rechtssätze nicht von einer Vertheilung der Beweislast reden kann, doch die Feststellung der Grundsätze des gemeinen Rechts häufig von entscheidender Bedeutung sein, da es in vielen Fällen schwer ist, ein abweichendes

Familien-Herkommen nach der einen oder anderen Richtung mit genügender Sicherheit zu ermitteln.

Im gemeinen Rechte giebt es wohl kaum eine Lehre, die so bestritten und, namentlich von den Publizisten des vorigen Jahrhunderts so viel erörtert ist, wie die Lehre von der Ebenbürtigkeit. Allgemein anerkannt ist nur, daß im alten Deutschland nur die Ehen zwischen Freien und Unfreien nicht volle Rechtswirksamkeit erzeugten, die aus ihnen hervorgegangenen Kinder der ärgeren Hand folgten. Darüber aber, welche Grundsätze später, namentlich im Mittelalter und bis zur Auflösung des Reiches sich hinsichtlich der Ehen des Adels entwickelten und in Geltung waren, gehen die Ansichten sehr weit aus einander.

Der Hauptstreit in dieser Lehre dreht sich im gemeinen Rechte darum, ob die von Mitgliedern des hohen Adels mit Frauen des niederen Adels eingegangenen Ehen ebenbürtig sind, die aus ihnen entsprossenen Kinder zur Familie des hochadeligen Vaters gehören. Darüber wird auch im vorliegenden Falle gestritten; um so mehr ist als Grundlage für die Prüfung der Ebenbürtigkeit der Begriff des hohen Adels festzustellen. Die streitenden Theile gehen übereinstimmend davon aus, daß er im vorigen Jahrhundert durch reichsunmittelbaren Besitz und Reichsstandschaft bedingt war; sie streiten nur darüber, ob diese Auffassung erst um die Mitte des 18. Jahrhunderts oder schon früher, am Ende des 17. oder doch bei Beginn des 18. Jahrhunders zur Geltung gelangt sei.

„Hoher Adel" wird in der Gesetzgebung des früheren Deutschen Reiches überhaupt nicht, wohl aber in dem Artikel 14 der Deutschen Bundesakte von 1815 erwähnt. Der Begriff ist in der Doctrin des vorigen Jahrhunderts aufgestellt, und schon hieraus erklärt sich, daß die Ansichten der Schriftsteller nicht übereinstimmen, und daß kaum annähernd eine bestimmte Zeit angegeben werden kann, zu welcher der Begriff überwiegend anerkannt war. Früher war im Anschluß an die alten Dignitäten maßgebend die Titulatur „Fürst", „Graf", denen auch noch alte Dynasten mit dem Titel „Freiherr" gleichgeachtet wurden; allerdings hatten die meisten dieser früheren „Freien Herren" bereits den Grafentitel erlangt. Die Titulatur deckte sich regelmäßig mit der Reichsstandschaft, da auch die sog. Personalisten diese besaßen, ohne jedoch reichsunmittelbare Herrschaften zu besitzen.

Als aber im 17. und 18. Jahrhundert die kaiserlichen Standeserhöhungen, namentlich mit der Erlangung der Reichsstandschaft nicht verbundene Erhebungen in den Reichsgrafenstand, übermäßig zunahmen, war ein dringender Anlaß gegeben, von den alten Herrengeschlechtern in deren Interesse diese neuen, an staatsrechtlicher Bedeutung ihnen gegenüber zurückstehenden Grafen zu sondern. Davon ausgehend, zeigen sich zwar schon im 17. Jahrhundert erhebliche Spuren einer neuen Rechtsbildung, aber wohl erst gegen die Mitte des 18. Jahrhunderts gelangte die, durch die wesentlich verschiedene öffentlich-rechtliche Stellung der über „Land und Leute" herrschenden Reichsstände einerseits und der Titular-Fürsten und -Grafen andererseits begründete Ansicht zur Herrschaft, daß zum hohen Adel nur die Familien zu zählen seien, die reichsunmittelbaren Besitz und Reichsstandschaft hatten.

Für die Beurtheilung des vorliegenden Rechtsstreits bedarf es eines Eingehens auf die sonst noch über den Begriff des hohen Adels bestehenden Streitpunkte nicht, z. B. nicht darauf, ob Reichsstandschaft überhaupt eine Vorbedingung war, oder ob Reichsstandschaftsfähigkeit genügte. Aber schon das Bestehen solcher Zweifel über den Begriff des hohen Adels als eines geschlossenen Geburtsstandes, von dem die übrigen Stände als nicht ebenbürtig geschieden sein sollen, zeigt, wie unsicher die in der Lehre von der Ebenbürtigkeit aufgestellten Grundsätze sein müssen.

Wie überreich die Literatur der vergangenen Jahrhunderte über diese Lehre ist, erhellt am besten aus dem Werke Göhrum's über die Ebenbürtigkeit, der mit großem Fleiße alles Material zusammengetragen hat; seinen eigenen Ausführungen aber steht ebenso wie denen Pütter's in dessen Buch „Über Mißheirathen" das Bedenken entgegen, daß sie eine fast kastenartige Absonderung der Stände als den Anschauungen der alten Deutschen entsprechend, daher die Unebenbürtigkeit der Ehen zwischen verschiedenen Ständen als das Natürlichere ansehen, während bei den alten Deutschen ebenso wie bei andern Völkern eine so strenge Sonderung nur zwischen Freien und Unfreien bestand, und auch diese sich später vielfach verwischte. Soweit es an einer reichsgesetzlichen Bestimmung fehlt, hängt daher für das gemeine Recht die Entscheidung allein davon ab, ob und in welchem Umfange ein Reichsherkommen auf historischer Grundlage nachweisbar ist, daß die Ehe zwischen einem Mitgliede des hohen Adels und einer Person von geringerem Stande rechtlich minderwerthig, eine Mißheirath im Rechtssinne sei, und bei dieser Prüfung wird davon auszugehen sein, daß bloße Ungleichheit des Standes noch nicht zur Unebenbürtigkeit führt, wie mit Recht gerade von vielen Schriftstellern aus dem Ende des vorigen Jahrhunderts, Moser, Danz, Schnaubert u. a. besonders betont wird. So sagt z. B. Moser in seinem Teutschen Staatsrecht Band XIX (1745) Seite 333:

„..... Ich halte auch allerdings dafür, es handle ein Fürst noch jetzo contra decorum, und es seie eine ihme nicht wohl anständige und politice zu reden ungleiche Heirath, wann er eine von Adel ehlicht; indessen kann ich doch auch nicht anderst sagen, als daß von besagten Hertzog Wilhelms Zeiten an nach und nach zu einem wahren und rechtskräftigen Reichsherkommen worden seie, daß die Ehe eines Fürstens mit einer gebohrenen von Adel, die weder zuvor noch hernach in einen höheren Stand versetzet worden ist, quoad effectum juris eine fürstenmäßige und gleiche seie."

Von Reichsgesetzen kommt nur in Betracht der Artikel 22 § 4 der Wahlcapitulation des Kaisers Carls VII., der dort verspricht, er wolle

„Noch auch denen aus unstrittig notorischer Mißheurath erzeugten Kindern eines Standes des Reichs oder aus solchem Hause entsprossenen Herrns zu Verkleinerung des Hauses die väterliche Titul, Ehren und Würden beilegen, viel weniger dieselben zum Nachtheil deren wahren Erbfolger und ohne deren besondere Einwilligung für ebenbürtig und successionsfähig erklären, auch, wo dergleichen vorhin bereits geschehen, solches für null und nichtig ansehen und achten."

Diese an sich unklare Bestimmung ist durch die im Jahre 1713 von dem Herzog Anton Ulrich von Sachsen-Meiningen mit Philippine Cäsar (Schurmann?) geschlossene Ehe und dadurch veranlaßt, daß der Kaiser Carl VI. diese Frau von bürgerlicher Herkunft in den Reichsfürstenstand erhoben und die Kinder für successionsfähig erklärt hatte. Die darüber erzürnten Fürsten veranlaßten die Aufnahme jener Bestimmung in die Wahlcapitulation des nachfolgenden Kaisers, und aus der Entstehungsgeschichte ergiebt sich, wie allgemein anerkannt, daß man dabei den Begriff der unstreitig notorischen Mißheirathen jedenfalls auf die Ehen des hohen Adels mit Personen des Bürgerstandes beziehen wollte. Über eine weitere Ausdehnung der Bestimmung konnte man sich nicht einigen, vielmehr wurde ein Antrag Chursachsens, „ungleiche Ehen" zu sagen, abgelehnt, und die weitere Erläuterung einem Reichsgesetze vorbehalten, das jedoch niemals erlassen ist. Aus dieser Bestimmung ist daher, in Uebereinstimmung mit der zweifellos herrschenden Ansicht, zwar zu folgern, daß, selbst wenn damals ein solches Reichsherkommen sich noch nicht gebildet haben sollte, die Unebenbürtigkeit der Ehe eines zu einer reichsständischen Familie gehörigen Herrn mit einer Person des Bürgerstandes feststeht. Zugleich ergiebt sich aber auch aus dieser Entstehungsgeschichte, daß eine Mehrheit für den Antrag, auch andere ungleiche Ehen für Mißheirathen allgemein zu erklären, nicht zu erreichen war, und ein Einverständniß insoweit selbst unter den Reichsfürsten nicht bestand.

Sicher ist nun, daß die reichsständischen Familien von jeher bemüht waren, ihre Macht und ihr Ansehen dadurch zu erhöhen, daß sie sich als ein besonderer höherer Stand von dem niederen Adel so streng absonderten, daß eine eheliche Verbindung mit diesem als Mißheirath angesehen würde. Aber ebenso sicher ist, daß sich stets eine erhebliche Gegenströmung geltend machte, die im 16. Jahrhundert durch das Eindringen des, einen solchen Rechtssatz nicht kennenden, römischen Rechts wesentlich unterstützt wurde. Die Fürsten hatten zwar durch ihren großen Länderbesitz und ihre Virilstimmen auf dem Reichstage eine große Macht und damit einen großen Einfluß auf die Bildung eines Herkommens und auf viele, als Beamte in ihrem Dienste stehende und zugleich diese Frage behandelnde Schriftsteller; aber ihrem Interesse stand das Interesse des Kaisers direkt entgegen, dem daran liegen mußte, seine eigene Macht durch Erhaltung seines Einflusses auf die Entscheidung über die Ebenbürtigkeit zu stärken, die der Fürsten nicht erstarken zu lassen. Auf der Seite des Kaisers stand naturgemäß der niedere Adel, namentlich die reichsunmittelbare Ritterschaft, auch wohl ein Theil der häufig aus dem niederen Adel hervorgehenden geistlichen Fürsten. Die Reichsgrafen und die in der staatsrechtlichen Stellung ihnen regelmäßig gleichstehenden s. g. neufürstlichen Häuser, zu denen jedenfalls das erst im Jahre 1789 den Fürstentitel annehmende Haus Lippe gehört, wollten es zwar gern den Fürsten gleich thun, wurden aber durch ihren geringeren Länderbesitz, ihre andere Stellung auf den Reichstagen und durch verschiedene andere Umstände an strenger Durchführung des aufgestellten Ebenbürtigkeitsprinzips gehindert.

Zu welchem Abschlusse dieser lebhafte Kampf über die volle Wirksamkeit der Ehen zwischen den reichsständischen Familien und denen des niederen Adels geführt hat, ist sehr zweifelhaft. Richtig ist zwar, daß regelmäßig die Mitglieder des hohen Adels mit Personen desselben Standes sich verheiratheten, und daß Ehen mit Personen des niederen Adels wiederholt von den Agnaten als unebenbürtig angegriffen und für unebenbürtig erklärt wurden. Auch enthält der Schwabenspiegel den Satz, daß, wenn der Vater semperfrei, die Mutter mittelfrei sei, die Kinder nur mittelfrei werden. Aber der Schwabenspiegel ist nur eine Privatarbeit, und der ihm zu Grunde liegende Sachsenspiegel enthält den Satz nicht, sagt vielmehr:

„Ssp. III. 72. Dat echte kint u. vri behalt sines vader schilt, u. nimt sin erve u. der muder also, of it ir evenburdich is oder bat (= besser) geboren.

Ssp. I. 16. § 2. Svar't kint is vri u. echt, dar behalt it sines vader recht. Is aver die vader oder de muder dinstwif, it kint behalt sogedan recht, als it in geboren is."

Es liegt daher die Muthmaßung nicht fern, daß der Schwabenspiegel in jener Stelle nicht so sehr geltendes Recht, als vielmehr nur einen mindestens zweifelhaften, von seinem Verfasser persönlich aber gebilligten Satz ausspricht. Gegenüber den angegriffenen und als unebenbürtig angesehenen Ehen aber werden von Moser in seinem Teutschen Staatsrecht Band XIX Seite 333 allein aus dem Fürstenstande 7 Ehen mit Frauen von niederem Adel angeführt, die entweder von den Agnaten nicht angegriffen oder trotz ihres Widerspruchs vom Kaiser oder den Reichsgerichten für ebenbürtig erklärt sind. Eine noch größere Zahl solcher Ehen allein im Hause Oldenburg wird in dem Gutachten des preußischen Kronsyndikats bezüglich der Herzogthümer Schleswig, Holstein und Lauenburg vom 11. September 1865 Seite 92 ff. aufgezählt. Die Praxis des für derartige Streitsachen regelmäßig zuständigen Reichshofrathes war stets schwankend; es liegt nahe, daß dieser infolge seines eigenthümlichen Verhältnisses zum Kaiser sich nicht nur in seinen s. g. votis ad imperatorem, sondern auch in den von ihm selbst zu erlassenden Entscheidungen den Einflüssen des kaiserlichen Hofes nicht völlig entziehen konnte, für den wiederum die politische Stellung und die Religion der Betheiligten, überhaupt Zweckmäßigkeitsgründe nicht ohne Bedeutung sein mochten.

Von den Reichsgrafen sind Ehen mit Damen des niederen Adels, besonders im 18. Jahrhundert, in noch erheblich größerer Zahl geschlossen und als vollwirksam anerkannt worden; Zusammenstellungen, auf die von den übrigen Schriftstellern meistens verwiesen wird, finden sich über solche Ehen namentlich bei von Mannsbach in seinem Tractatus de matrimonio Principis, Comitis etc. S. 37 ff. und bei Burgermeister in dessen Grafen- und Rittersaal III. sect. XIII; es liegt aber nahe, daß diesen Schriftstellern nur ein kleiner Theil derartiger, in ganz Deutschland geschlossener und unbeanstandet gebliebener, Ehen bekannt geworden sein wird.

Noch gegen Ende des 17. und im Anfange des 18. Jahrhunderts verneinten mehrere Juristenfakultäten die Bildung eines Reichsherkommens. Die Fakultät zu Helmstedt verneinte sogar im Jahre 1698 (Moser, a. a. O. § 102) die Rechtsbeständigkeit des vom Kaiser bestätigten Familienvertrags eines fürstlichen Hauses, durch den die libertas matrimonium ineundi cum virgine nobili eingeschränkt war, mit der Begründung „seien von Anfang der Welt her bis jetzo dergleichen imparia matrimonia frequenti usu allemal gutgeheißen worden." Ebenso wurde, als im Jahre 1715 der Erbprinz Friedrich Karl von Anhalt-Bernburg eine Bürgerliche, Caroline Nüßler, heirathete, mit der er schon vorher einen durch die nachfolgende Ehe legitimirten Sohn erzeugt hatte, die Successionsfähigkeit dieses Sohnes in den Gutachten der Juristenfakultäten der Universitäten Helmstedt und Halle bejahet, denen die hochangesehenen Juristen J. H. Böhmer und Leyser angehörten (Pütter, Mißheirathen S. 518). Später wurde allerdings dieser Sohn durch Erkenntniß des Reichshofraths für unebenbürtig erklärt.

Daß die Kaiser selbst den strengeren Ebenbürtigkeitsnormen abgeneigt waren, zeigt sich schon darin, daß sie wiederholt, sogar in der Zeit nach der Wahlcapitulation von 1742, hausgesetzlichen Bestimmungen, durch welche die Ehen mit Damen aus niederem Adel für unebenbürtig erklärt wurden, die Bestätigung versagten. So heißt es in der Urkunde vom 28. Mai 1784 über die Bestätigung des gräflich Erbach-Erbach'schen Primogeniturgesetzes, dessen § 5 die Zulässigkeit der Ehen mit Personen des niederen Adels einschränkte (Reuß, Deutsche Staatskanzlei, S. 120):

„Als haben Wir angesehen solche, des Supplikanten, gehorsamste und ziemliche Bitte, und darum mit wohlbedachtem Muth, gutem Rath und rechtem Wissen vorinserirte Primogeniturconstitution alles ihres Inhalts (jedoch mit Ausscheidung des fünften §phi) gnädiglich confirmiret und bestätiget."

Prüft man nun unbefangen dies gesammte, für die Beurtheilung des gemeinen Rechts erhebliche, Material, namentlich auch die in dem Göhrum'schen Werke sorgfältig zusammengestellte Uebung in den verschiedenen Perioden, so drängt sich die Ueberzeugung auf, daß jedenfalls zu der Zeit, als die Ehe mit Modeste von Unruh geschlossen wurde, ein, die Ehen zwischen Mitgliedern altreichsgräflicher und neufürstlicher Häuser mit Personen des niederen Adels für Mißheirathen erklärendes, Reichsherkommen nicht bestand. Ob es für die altfürstlichen Häuser, die in erheblich günstigerer Lage sich befanden, sich gebildet hat und erhalten ist, kann dahingestellt bleiben, da zu ihnen jedenfalls das Haus Lippe nicht gehört. Es bedarf aber auch keiner Entscheidung darüber, ob für die reichsgräflichen Häuser in früheren Jahrhunderten ein solches Herkommen zum Abschlusse gekommen ist. Denn selbst wenn es sich gebildet haben sollte, so hat man jedenfalls im 17. und 18. Jahrhundert nicht daran festgehalten; vielmehr läßt die in ihnen sich zeigende Uebung erkennen, daß man überwiegend die Ehen von Mitgliedern reichsgräflicher und neufürstlicher Familien mit Damen von niederem Adel als ebenbürtig ansah; in einer Menge von Familien wurden sie unbeanstandet zugelassen oder durch Richterspruch für ebenbürtig erkannt. Für diese neuere Uebung sind von besonderem Werth die Schriften von Pütter und Göhrum, gerade den Hauptvertretern der entgegengesetzten strengen Ansicht. Beide erkennen offen an, daß in der späteren Zeit viele solche Ehen unbedenklich geschlossen und nicht angegriffen sind. So sagt Pütter, Mißheirathen (1796) S. 441:

„... Man ist schon zu sehr gewohnt, gräfliche und adelige Häuser in völlig gleichen Familienverbindungen zu sehen. Sie tragen auch meist kein Bedenken, sich unter einander ohne irgend einigen Unterschied des Standes zu behandeln...“,

und Göhrum, Lehre von der Ebenbürtigkeit, schreibt im 2. Bande Seite 228:

„Wendet man sich sofort zu den reichsständischen Grafen, so muß man allerdings zugeben, daß hier Verbindungen mit Edelfrauen aus nicht reichsständischen Häusern ungleich zahlreicher sind, als bei fürstlichen Familien ....“

Beide halten an ihrer strengeren Ansicht nur deshalb fest, weil einzelne Familien noch immer strengere Grundsätze befolgt hätten und durch eine allgemeine Uebung nicht gezwungen werden könnten. Dies tritt namentlich bei Pütter hervor, der a. a. O. Seite 443 sagt:

„Inzwischen können alle die Häuser, die nun schon Vermählungen mit Personen von altem Adel für ebenbürtig gelten lassen, doch andern Häusern wider ihren Willen nicht zur Richtschnur dienen; so wenig die Folge war, wenn 99 Häuser das Recht der Erstgeburt eingeführt hatten, daß es deswegen auch im Hunderten gelten müßte.“

Dieser Satz ist gewiß richtig, führt aber doch nur dahin, daß die andern Häuser, die sich dem, den allgemeinen Anschauungen entsprechenden Herkommen nicht fügen wollten, für sich abweichende Bestimmungen treffen mußten. Soll aber mit diesem Satze die Zulässigkeit der Entstehung eines gemeinen Herkommens verneint sein, so würde das, selbst wenn es richtig sein sollte, doch nur dahin führen, daß auch ein die ursprünglich bestehende Ebenbürtigkeit aller Freien einschränkendes Herkommen sich nicht gebildet haben könnte.

Dies Resultat, daß die Ehe eines Mitgliedes eines altreichsgräflichen oder neufürstlichen Hauses mit einer Dame von niederem Adel im vorigen und im Anfange dieses Jahrhunderts keine Mißheirath war, entspricht auch der überwiegenden Anschauung der Schriftsteller, namentlich aus der zweiten Hälfte des vorigen und aus diesem Jahrhundert; unter sich weichen sie nur in der Frage von einander ab, ob — was für den vorliegenden Fall unerheblich ist — ein strengeres Herkommen sich überhaupt nicht gebildet habe oder in der späteren Zeit durch ein milderes wieder verdrängt sei. Daneben wird zwar von manchen an dem Erfordernisse alten niederen Adels festgehalten, ohne daß immer angegeben wird, was darunter verstanden sein soll. Aber der Begriff des alten Adels im Sinne von Ahnenadel oder gar als gleichwerthig mit stiftsmäßigem Adel ist überhaupt kein allgemeiner; vielmehr hängt es noch von den besonderen Bestimmungen der Partikularrechte, Statuten, Stiftungen ab, wie viele Ahnen, 2, 4, 8, 16 oder gar 32 nöthig sein sollen, so daß die Annahme vieler Schriftsteller, mindestens vier Ahnen seien nöthig, als willkürlich erscheint. Namentlich aber tritt in den vorliegenden Uebungsfällen ein solches Erforderniß nicht bestimmt hervor und kann dadurch nicht ersetzt werden, daß in einzelnen Fällen das Vorhandensein vieler Ahnen erwähnt wird. Auf den Adel der Mütter und weiteren weiblichen Vorfahren kann es nicht ankommen, da jedenfalls bei dem niederen Adel ein, Bürgerliche ausschließendes, Reichsherkommen niemals bestanden hat, somit die Frauen durch den Eheabschluß den adligen Stand der Männer erlangten. Ob aber nach dem Herkommen alter Adel im Sinne der Zugehörigkeit der Braut zu einem altadligen Geschlechte nöthig war, oder ob selbst neu verliehener Adel genügte, wenn nur nicht die Wahlcapitulation von 1742 verletzt wurde, kann unentschieden bleiben, da, wie festgestellt ist, Modeste von Unruh ein Mitglied des unstreitig altadligen Geschlechts von Unruh war.

Die von dem Professor Laband in seinen Schriften über die Thronfolge im Fürstenthum Lippe vertretene Ansicht, durch den Artikel 14 der Deutschen Bundesakte von 1815 sei jedenfalls die Aenderung eingetreten, daß von da an der hohe Adel in Deutschland nur aus zwei Gruppen von Familien bestehe, den souveränen und den ehemals reichsständischen, und daß die Ebenbürtigkeit auf diese Familien unter sich beschränkt sei, kann in Uebereinstimmung mit der in Theorie und Praxis herrschenden Ansicht nicht gebilligt werden.

Aber selbst wenn Laband's Auslegung des Artikel 14 richtig sein sollte, würde daraus für die Unebenbürtigkeit der im Jahre 1803 mit Modeste von Unruh geschlossenen Ehe schon deshalb nichts folgen, weil jedenfalls auf sie der Artikel 14 der viel später vereinbarten Bundesakte keine Anwendung finden, diese Ehe vielmehr nur nach dem Rechte ihrer Zeit beurtheilt werden kann.

Auch von den höchsten Gerichten Deutschlands und den an ihrer

Stelle entscheidenden Juristenfakultäten ist in diesem Jahrhundert die Ehe eines Herrn von hohem Adel oder doch aus altreichsgräflichem und neufürstlichem Hause mit einer Dame von niederem Adel, soweit bekannt, stets als vollwirksam anerkannt, und zwar

1. von dem Königlich Bayerischen Oberappellationsgerichte in München durch Urtheil vom 27. August 1841 (Seuffert, Blätter für Rechtsanwendung Band XI Seite 267 ff.);

2. durch das Präjudiz des Königlich Preußischen Obertribunals vom 29. Januar 1846 (Neues Archiv für Preußisches Recht und Verfahren, Band. 13, Seite 618 ff.);

3. von der Göttinger Juristenfakultät in Sachen der Gräfin Agnes von Haßlingen geborenen Gräfin zur Lippe-Weißenfeld gegen die Regierung des Fürstenthums Lippe in dem Urtheile vom 18. Mai 1869;

4. von der Juristenfakultät zu Erlangen in derselben Sache durch Urtheil vom 2. März 1872;

5. von dem zweiten Civilsenate des Reichsgerichts durch Urtheil vom 5. Dezember 1893, (Entscheidungen des Reichsgerichts in Civilsachen Band 32 Seite 150).

Nach gemeinem Rechte war daher Modeste von Unruh ihrem Gemahl ebenbürtig, auch wenn sie nicht Freiin war; es muß aber ferner geprüft werden, ob das Lippische Hausrecht strengere Ebenbürtigkeitsgrundsätze aufgestellt hat.

Ein für die zu beurtheilende Ehe maßgebendes Hausgesetz besteht, wie von den Parteien anerkannt ist, für das Gesammthaus Lippe nicht; denn ein von dem Herrn Grafen zur Lippe-Biesterfeld vorgelegter, etwa aus der Zeit von 1784 bis 1799 stammender Entwurf ist nicht zur Annahme gelangt, sein Ursprung sogar unaufgeklärt geblieben, und die von dem regierenden Fürsten von Lippe-Detmold aus eigener Machtvollkommenheit als Familienhaupt erlassene Deklaration vom 10. Mai 1853, durch die ohne Aufstellung fester Grundsätze die Ebenbürtigkeit von dem Consense des regierenden Fürsten abhängig gemacht wurde, findet jedenfalls auf die weit zurückliegende Ehe mit Modeste von Unruh keine Anwendung. Auch der Artikel 14 des westphälischen Grafenvertrags vom 4. Oktober 1754 ist, da an ihm nur die Linien Lippe-Detmold und Schaumburg-Lippe betheiligt waren, schon aus diesem Grunde für die beiden gräflichen

Nebenlinien ohne Wirkung; aber auch für die betheiligten Häuser und Linien wurden dort bindende Ebenbürtigkeitsnormen nicht aufgestellt. Zunächst spricht der Inhalt des Artikels 14 dafür, daß man davon ausging, im gemeinen Rechte werde niederer Adel als zur Ebenbürtigkeit genügend angesehen. Die zusammengetretenen wenigen Familien wollten für deren Angehörige der praktischen Anwendung dieses Satzes thunlichst entgegenwirken, aber der gesammte Inhalt zeigt deutlich, daß man die Ehen mit Personen des niederen Adels zwar als wenig erwünscht, aber nicht als Mißheirathen ansah. Es fehlt an jeder Andeutung, daß solche Ehen nicht vollwirksam sein sollten. Daß die reichsgräflichen Häuser überhaupt den dringenden Wunsch hatten, ihre Mitglieder möchten die Gemahlin aus möglichst hohem Stande nehmen, ist allbekannt; die Verhältnisse waren aber mächtiger als sie.

Einer genauen Prüfung bedarf der von allen Parteien eingehend erörterte s. g. Brüdervergleich vom 14. August 1749. Da er nur von den Stiftern der Linien Lippe-Biesterfeld und Lippe-Weißenfeld geschlossen wurde, ist er keinesfalls, und das erkennen alle Parteien an, ein für das Gesammthaus Lippe gültiges Hausgesetz; es kann sich vielmehr nur fragen, ob er im § 18 eine allgemeine, auch über die Successionsfähigkeit im Gesammthause entscheidende, hausgesetzliche Norm für die Speziallinien Lippe-Biesterfeld und Lippe-Weißenfeld enthält.

Abgeschlossen wurde dieser Vertrag zwischen den beiden Grafen Friedrich Karl August und Ferdinand Johann Ludwig, Söhnen des Grafen Rudolf Ferdinand. Ueber die Veranlassung und den Zweck des Vertrags spricht sich dessen Einleitung dahin aus:

„Demnach am 28. Februar 1734 mit Genehmhaltung und Autorität unseres Herrn Vaters ... Rudolph Ferdinand ... über unsere anerwartete Elterliche Nachlassenschaft und Güter ein Theilungs- und Abstandsvergleich zwischen uns errichtet und geschlossen, selbiger auch nach hochgedacht unseres Herrn Vaters am 12. Juli 1736 erfolgtem Ableben größtentheils in seine Erfüllung gebracht und bis hierher demselben nachgelebet, anbei aber wahrgenommen worden, daß in sothanem unserm brüderlichen Vergleich verschiedene Punkte theils übergangen theils nicht deutlich genug auseinandergesetzt und ausgedrücket seien, ... als haben wir uns dieserhalben .... nachfolgender Gestalt vereinigt und verglichen".

In den ersten 9 Paragraphen werden dann die Aemter Schwalenberg und Oldenburg „zur Vermeidung beschwerlicher Communion . . .“ an den älteren Bruder Friedrich Karl August gegen eine an den jüngeren zu zahlende Revenue abgetreten, die mit dem Hause Weißenfeld verbundenen Grundstücke aufgezählt, und Bestimmungen über im Prozesse befangene, ihrem verstorbenen Vater angeblich gegen Lippe-Detmold zugestandene Ansprüche getroffen. Daran schließt sich der § 10 mit folgendem Wortlaut:

„Sonsten ist dieser jetzige sowohl als der oftgedachte Brüderliche Vergleich de 1734, mithin nicht nur die Cession der Aemter Schwalenberg und Oldenburg sammt Zubehör, sondern auch die Abtretung vorbeschriebener an dem Hause Detmold habenden Anforderungen, und was dagegen andererseits versprochen worden, nur auf dasjenige, was wir beyde Gebrüdern von unsers Herrn Vaters und Groß Herrn Vaters Gnd. Gnd. überkommen und geerbet haben, lediglich gerichtet, mithin von andern künftigen Successions-Fällen ganz und gar nicht zu verstehen, dergestalt daß diese beyde Vergleiche in Ansehung solcher künfftigen Fälle weder dem einen noch andern Theile präjudizirlich fallen noch zu einiger Consequenz gereichen, vielmehr jeglichem quaevis jura competentia davon vorbehalten seyn sollen.“

Im § 11 wird bestimmt, daß die Abtretung der Aemter und Güter auch für die Descendenz wirksam sein, und die Vererbung nach der Primogeniturordnung erfolgen solle, in den §§ 12 und 13 Sicherung und Verwahrung von Urkunden geregelt, im § 14 ein immerwährendes unveräußerliches Familienfideikommiß aus den vom Vater und Großvater ererbten Aemtern, Gütern und Gerechtigkeiten gestiftet, in den §§ 15 und 16 der Consens zur Verpfändung und Veräußerung von Fideikommißgrundstücken geregelt, im § 17 ein den Wittwen und Töchtern zukommender Anspruch an den Fideikommißfolger auf Unterhalt näher bestimmt, und daran schließt sich § 18, dessen Auslegung besonders bestritten ist, mit folgenden Worten:

„Was nun Wir beyde Brüder in diesem Vergleich vor Uns paciscirет haben, das alles ist auch von Unsern Successionsfähigen Männlichen Descendenten zu verstehen. Und damit auch dieserhalben kein Streit unter Unsern Nachkommen erreget werde: So haben Wir festgestellet, daß, wenn jemand von Unsern Descendenten eine Person, welche nicht Gräflichen und geringern als Freiherrlichen Standes wäre, ehelichen würde, dessen und deren Söhne der Succession unfähig sein sollen. Und können dergleichen Töchter oder solche Wittben oder eine Gräfliche Tochter, die sich unstandesmäßig verheyrathet, dasjenige keineswegs fordern, was sonsten denen Wittben und Töchtern in nächstvorhergehendem § pho auf dort beschriebenen Fall assigniret ist, sondern solche Unstandesmäßige Wittben, Söhne und Töchter müssen überhaupt mit geringeren Alimentis nach Zeit und Umständen ihres Vaters und Vettern zufrieden seyn."

Die letzten drei Paragraphen 19—21 betreffen das Witthum der Mutter der Contrahenten, geborenen Gräfin von Kunowitz, die Ordnung des väterlichen Nachlasses im übrigen, auch der Forderungen und Schulden, und den Verzicht auf alle Einreden. Der letzte Satz lautet:

„Zu Urkund dessen ist dieser Erläuterungs- und Abstands-Vergleich von uns Gebrüdern eigenhändig unterschrieben und mit Unseren Gräflichen Insiegeln bedrucket worden."

Der Herr Fürst von Schaumburg-Lippe findet in dem § 18 eine über die Veranlassung des Vertrags hinausgehende, die Ebenbürtigkeit und die Successionsfähigkeit allgemein regelnde, noch immer gültige hausgesetzliche Norm der beiden gräflichen Nebenlinien des Inhalts, daß hoher Adel Voraussetzung der Ebenbürtigkeit sei. Unter dem Ausdrucke „Freiherrlichen Standes" seien nur „Freie Herren" im Sinne des alten Deutschen Reiches zu verstehen. Er folgert daraus, daß die Descendenten aus einer diesen Erfordernissen nicht entsprechenden Ehe nicht Agnaten in der Nebenlinie geworden seien und daher, da nur ihre Zugehörigkeit zu dieser ihnen Successionsrechte gegenüber den andern Linien verleihe, solche Rechte nicht besitzen.

Der Herr Graf zur Lippe-Weißenfeld weicht von dieser Auffassung nur darin ab, daß mit den Worten des § 18 nicht hoher, sondern nur graduirter niederer Adel zur Ebenbürtigkeit erfordert werde.

Der Herr Graf zur Lippe-Biesterfeld dagegen stimmt zwar der Auslegung, daß nur titulirter niederer Adel vorgeschrieben sei, zu, folgert aber aus dem ganzen Zweck und Inhalt des Vertrags, namentlich aus dem § 10, daß der § 18 nur über die Succession in das Paragium und die Ansprüche der Wittwen und Töchter, dagegen nicht über die Zugehörigkeit zur Familie und die Succession im Gesammthause Normen aufgestellt habe; außerdem ist er der Ansicht, daß durch die in dem sog. Detmolder Hauptvergleich im Jahre 1762 erfolgte Abtretung des Paragialbesitzes und durch den bei dieser Gelegenheit abgeschlossenen dritten Brüdervergleich vom 25. Mai 1762 der § 18 jede Bedeutung für die Zeit nach 1762 verloren habe.

Für die rechtliche Wirkung des § 18 ist von entscheidender Bedeutung, was die Contrahenten darin bestimmen wollten, und ob das Gewollte erkennbaren Ausdruck gefunden hat. Nimmt man den § 18 aus dem Zusammenhange heraus und betrachtet ihn für sich allein, so liegt allerdings die von dem Herrn Fürsten von Schaumburg-Lippe vertretene Auslegung am nächsten, daß allgemeine Bestimmungen über Ebenbürtigkeit und Successionsfähigkeit für die Familien der Contrahenten getroffen werden sollten. Aber er ist nicht eine alleinstehende hausgesetzliche Norm, sondern ein integrirender Theil eines größeren Vertrags und kann nur als solcher richtig beurtheilt werden. Sehr erhebliche Bedenken gegen die Richtigkeit jener Auslegung müssen schon aufsteigen, wenn man den übrigen Vertragsinhalt — selbst abgesehen zunächst vom § 10 — als Auslegungsmittel hinzunimmt. Schon die Einleitung und sodann der gesammte Inhalt zeigen, daß jedenfalls alle übrigen Bestimmungen sich nur auf die den Contrahenten angefallene väterliche und großväterliche Erbschaft beziehen, dagegen die damals überhaupt fernliegende Succession im Gesammthause gar nicht berühren. Muß es schon danach bedenklich scheinen, allein in dem § 18 eine über diesen Rahmen hinausgehende allgemeine hausgesetzliche Regelung der Ebenbürtigkeit zu finden, so wird dieses Bedenken noch dadurch wesentlich verstärkt, daß die §§ 14—19 einen selbständigen einheitlichen Abschnitt bilden, und die Stiftung eines Fideikommisses aus fast allen Besitzungen der Contrahenten enthalten. In völlig logischer Folge werden die dafür nöthigen Bestimmungen getroffen, und unter diesen im § 18 die über die Successionsfähigkeit und über die durch diese bedingten, in dem vorhergehenden Paragraphen bereits in der Höhe begrenzten Ansprüche der Wittwen und Töchter an das Fideikommiß.

Schon dieser Zusammenhang spricht sehr dafür, daß auch der

§ 18 sich nur auf das wesentlich aus den Lippischen Paragialbesitzungen gebildete Fideikommiß beschränken sollte. Dem steht auch nicht die Ausführung des Vertreters für Lippe-Weißenfeld entgegen, die Successionsfähigkeit könne stets nur eine, für alle Successionsfälle gleiche sein; sie decke sich stets mit der ebenbürtigen Abstammung, die wiederum allein die agnatische Zugehörigkeit zur Familie begründe. Vielmehr kann sie zweifellos für verschiedene Vermögensmassen verschiedene Voraussetzungen haben, andere für die Thronfolge, andere für Lehngut, für Familienfideikommisse, für das Allodialvermögen. Mehr Gewicht dagegen hat auf den ersten Blick der Einwand, es sei doch höchst unwahrscheinlich, daß für die Succession in das Paragium und für die Ansprüche der Wittwen und Töchter strengere Grundsätze aufgestellt werden sollten, als für die Succession im Gesammthause. Das würde allerdings wenig wahrscheinlich sein, obgleich auch dafür Gründe sprechen konnten; aber es fehlt an jeder Sicherheit darüber, ob nicht die Contrahenten annahmen, daß nach dem gerade damals kurz nach der Wahlcapitulation von 1742 sehr streitigen gemeinen Rechte hoher Adel der Frau nöthig sei, und mildere Grundsätze aufstellen wollten. War dies ihre Meinung, so konnten sie überhaupt nicht daran denken, diese Grundsätze auch für die Succession im Gesammthause feststellen zu wollen, da dies ohne Zustimmung der anderen Linien völlig unwirksam gewesen sein würde. Vielleicht waren sie auch der Meinung, das im § 18 Bestimmte entspreche der wahren Observanz des Hauses Lippe. Wenn aber eine solche — wie noch zu erörtern ist — in Wirklichkeit nicht bestand, so könnte doch wegen dieses unzutreffenden Beweggrundes allein eine weiter gehende Wirkung dem § 18 nicht beigelegt werden.

Alle Zweifel aber, die trotzdem noch bleiben können, werden durch den bei der Auslegung bislang unberücksichtigt gelassenen § 10 gehoben. Es kann nicht zweifelhaft sein, daß, wenn die beiden Brüder im § 18 ausdrücklich bestimmt hätten, die Successionsvorschriften sollten sich nur auf das, wesentlich aus den Paragialbesitzungen gebildete Fideikommiß, nicht auf die Succession im Gesammthause beziehen, diese Bestimmung völlig rechtsverbindlich sein würde, auch wenn infolge dessen die Succession in jene Vermögensmasse abweichen würde von der in die Landesherrschaft. Nun haben die Contrahenten zwar nicht im § 18 für dessen Bestimmung allein, wohl aber im § 10 für alle Vertragsbestimmungen, damit auch für die des § 18 so bestimmt wie möglich erklärt, dieser ganze Vergleich sei

„nur auf dasjenige, was Wir beide Gebrüdern von Unsers Herrn Vaters und Groß Herrn Vaters Gnd. Gnd. überkommen und ererbet haben, lediglich gerichtet, mithin von andern künftigen Successionsfällen ganz und gar nicht zu verstehen“.

Es war kaum thunlich, klarer den Willen zum Ausdruck zu bringen, daß alle Vertragsbestimmungen, und damit auch die über die Successionsfähigkeit nicht über die, den alleinigen Gegenstand des Vertrags bildende Vermögensmasse hinauswirken sollten. Der Versuch des Vertreters für Lippe-Weißenfeld, den § 10 nur von andern Successionsfällen der Contrahenten selbst, den § 18 nur von denen ihrer Descendenten zu verstehen, findet in dem Wortlaut und dem Zusammenhange durchaus keine Unterstützung; in beiden Paragraphen ist von derselben Vermögensmasse und nur von der Succession in diese die Rede.

Nun wird zwar später bezüglich dieser Nebenlinie in Consensen und sonstigen, in Anlaß beabsichtigter Standeserhöhungen erfolgten Erklärungen mehrfach darauf hingewiesen, daß nach den Hausgesetzen die vorgängige Standeserhöhung der dem einfachen niederen Adel angehörigen Braut erforderlich sei. Dies läßt sich jedoch schon daraus erklären, daß man wenigstens in späterer Zeit zweifelhaft sein konnte, wie etwa die Bedeutung des Brüdervergleichs aufzufassen sei. Die Standeserhöhung war aber auch nöthig, damit erhebliche Nachtheile vermieden wurden, wenn auch nicht für die jetzt in Frage stehende Succession. Diese wird nirgends angedeutet, an sie war auch einstweilen nicht zu denken; dagegen war für die Ansprüche der Wittwe und der Descendenten auf die, durch den Detmolder Hauptvergleich an die Stelle des Paragiums getretene Lippesche Rente der § 18, wie jedenfalls im Hause Lippe angenommen wurde, forthin maßgebend, und darauf, diese Ansprüche zu erhalten, mußte in den Nebenlinien Werth gelegt werden. Recht klar zeigt sich dieser Grund, und nur er, in dem an den König von Preußen gerichteten Gesuche des Oberpräsidenten von Vincke vom 9. September 1837 um Anerkennung seines freiherrlichen Titels, als seine Tochter mit dem Grafen Constantin zur Lippe-Biesterfeld sich vermählen wollte. Als Grund für die Bitte wird ein in der von Lippe-Detmold abgezweigten erbherrlichen Linie bestehendes Hausgesetz genannt, wonach der Bezug einer Apanage davon abhänge, daß die Mutter von gräflichem oder freiherrlichem Stande gewesen sei.

Wollten hiernach im § 18 die Contrahenten überhaupt keine für die Succession im Gesammthause, namentlich für die Thronfolge maßgebende Bestimmung treffen, so ist sie auch nicht zur Entstehung gelangt, und die ferner unter den Parteien streitigen Fragen, ob zu ihrer Gültigkeit die kaiserliche Bestätigung nothwendig war, — ob im § 18 unter den Worten „gräflichen ... freiherrlichen Standes" hoher oder niederer Adel zu verstehen sei, und ob der Detmolder Hauptvergleich auf den Fortbestand des § 18 einen Einfluß ausgeübt habe, bedürfen keiner Entscheidung.

Muthmaßlich hätten die Contrahenten auch für die Succession im Gesammthause einer dem § 18 entsprechenden Norm zugestimmt, wenn von allen Agnaten ein gemeinsames Hausgesetz beschlossen worden wäre; für sich allein dies zu thun, hatten sie um so weniger Veranlassung, als dies ihnen den andern Linien gegenüber nur Nachtheile bringen konnte. Man kann also höchstens sagen, daß ihre im § 18 hervortretende Ansicht über die Ebenbürtigkeitsgrundsätze für die noch zu prüfende Frage von Bedeutung sein könne, ob speziell im Hause ein vom gemeinen Rechte abweichendes Herkommen bestehe.

Damit angenommen werden könne, daß ein, einem ausdrücklichen Hausgesetze gleichwerthiges, auf dem Willen der Mitglieder sämmtlicher Linien des Gesammthauses beruhendes, Herkommen im Hause Lippe sich gebildet habe, sind Uebungsakte erforderlich, aus denen sich überzeugend die Willensübereinstimmung sämmtlicher Linien erkennen läßt, daß für die Succession im Lippeschen Gesammthause abweichend von dem, den einfachen niederen Adel als ebenbürtig zulassenden Reichsrechte ein bestimmtes geringeres oder größeres Erforderniß der Ebenbürtigkeit, der Thronfolgefähigkeit aufgestellt sei.

Als Akte der Uebung kommen vor Allem die im Gesammthause geschlossenen oder beabsichtigten Ehen und die Aufnahme in Betracht, die sie — sei es billigend, zulassend, widersprechend — im Hause Lippe gefunden haben.

Daß die meisten Ehen der Mitglieder des Hauses Lippe mit Damen des hohen Adels geschlossen sind, ist für das Herkommen ohne Bedeutung, da es selbstverständlich ist, daß die dem hohen Adel angehörenden Grafen zur Lippe regelmäßig Damen aus dem Kreise ihrer Standesgenossen heiratheten, und zwar auch dann, wenn diese Abstammung nicht unbedingt nothwendig für die volle rechtliche Wirksamkeit der Ehe war. Auch die Ehen in der Hauptlinie Detmold mit drei Burggräfinnen von Dohna (1666, 1695 und 1713) und mit einer Gräfin von Kunowitz (1705), der Stammmutter der beiden Biesterfelder Nebenlinien, bedürfen einer Prüfung nicht, da diese Damen, obgleich sie nicht aus reichsständischen Familien stammten, doch nach der gegen Ende des 17. und im Anfange des 18. Jahrhunderts noch viel vertretenen Ansicht vom Hause Lippe als den reichsständischen Familien gleichstehend angesehen werden konnten, daher aus ihrer unbeanstandeten Zulassung irgend ein für ein Herkommen erheblicher Schluß nicht gezogen werden kann. Andererseits scheiden, da der Adel der Modeste von Unruh festgestellt ist, ebenfalls aus die Ehe des Grafen Georg zur Lippe-Bracke mit Marie Sauermann, die des Grafen Ludwig Heinrich zur Lippe-Biesterfeld mit Elisabeth Christine Kellner und die des Grafen Christian Ludwig von Lippe-Detmold mit Anna Susanne Fontanier, deren französischer Adel zwar behauptet, aber nicht nachgewiesen wurde; diese drei Ehen mit bürgerlichen Frauen sind als unebenbürtig angesehen, die Kinder nicht zur Succession gelangt.

Von hervorragender Bedeutung muß es dagegen sein, ob die dem gemeinen Rechte entsprechenden Ehen und Verlobungen mit Frauen von einfachem niedern Adel deshalb angegriffen oder gar als unebenbürtig festgestellt sind, weil sie den im Hause Lippe herrschenden besonderen Ebenbürtigkeitsgrundsätzen nicht entsprächen, und ob in anderen Fällen die vor der Eheschließung erfolgte Standeserhöhung solcher Damen wegen der hausrechtlichen Anschauungen als nothwendig angesehen wurde, um die Ebenbürtigkeit herzustellen.

Zu der ersteren Art gehören folgende Fälle:

1. In einer von dem Herrn Grafen zur Lippe-Biesterfeld eingereichten Druckschrift ist angegeben, daß Bernhard I. zur Lippe (1121—1158) mit Petronilla von Arne, und Bernhard II. (1140 bis 1224) mit Hedwig von Arnsberg verheirathet gewesen sei; aber von keiner Seite ist dies näher begründet oder unter Beweis gestellt.

Diese beiden Ehen sind so wenig aufgeklärt, daß sie ebensowenig für ein bestimmtes Herkommen sprechen, wie

2. die bei Pütter, Mißheirathen Seite 447 aus dem Anfange des 16. Jahrhunderts angeführte Ehe des Grafen Bernhard, Sohnes von Bernhard VII., mit Margarethe von Reden. Pütter erzählt, die Ehe sei nur als morganatische eingegangen, und ein aus ihr hervorgegangener Sohn habe unter dem Namen Bernhardus de Lippia später als Kanzler am Hofe des regierenden Grafen gedient. Ob diese Ehe überhaupt geschlossen wurde, oder ob nur eine außereheliche Verbindung bestanden habe, ist nicht ermittelt; zudem fällt sie noch in die ältere, vor dem Eindringen des römischen Rechts liegende Zeit, in der allgemein auch für die Reichsgrafen auf Standesgleichheit mehr gesehen zu werden pflegte.

3. Im Jahre 1691 wollte der Graf Friedrich Adolf, Sohn des regierenden Grafen Simon Heinrich, sich mit dem Hoffräulein von Ditfurth verheirathen. Zu einer Ehe ist es, wie es in den Akten heißt, „wegen großer Bestürzung in der Gräflichen Familie" nicht gekommen; der Graf unterzeichnete sogar einen Revers, „die adelige Kammerjungfer bei Verlust der Succession nicht zu ehelichen".

Von den Vertretern für Lippe-Weißenfeld und Schaumburg-Lippe wird dieser Fall als besonders beweiskräftig gegen die Ebenbürtigkeit des einfachen niederen Adels und für ein strengeres Herkommen angesehen, weil die Agnaten durch ihren Widerspruch die Eingehung der Ehe verhindert hätten. Nachdem aber durch die betreffenden Akten des Detmolder Archivs jetzt aufgeklärt ist, daß die Familie, soviel erkennbar, wegen schwerwiegender moralischer Bedenken gegen die Person der Braut die Ehe zu verhindern gesucht hat, kann dieser Fall jedenfalls für ein strengeres Herkommen nicht geltend gemacht werden. Aus diesen Gründen des Widerstandes erklärt sich auch, daß der Graf, dessen persönliche Successionsfähigkeit durch die Eingehung einer unebenbürtigen Ehe nicht beseitigt werden konnte, in dem Reverse auf seine Successionsrechte eventuell Verzicht leistete.

4. Die Verlobung des Grafen Karl Friedrich zur Lippe-Detmold, geboren 1697, mit Albertine von Kanitz. Nach der einzigen über diese Verlobung vorhandenen Urkunde, einem in dem Detmolder Archive liegenden, vom Grafen Simon Heinrich Adolf herrührenden,

undatirten Concepte war der Graf Karl Friedrich, der als Offizier in preußischen Diensten stand, noch minderjährig, hatte sich ohne Zustimmung seines Bruders und Vormundes verlobt und bereits selbst die Verlobung wieder aufgehoben. Trotzdem nahm sich der König von Preußen, der dem Grafen als seinem Offizier seinen Consens bereits ertheilt hatte, des Fräuleins von Kanitz an und drängte zur Eingehung der Ehe. Daraus erklärt sich wohl, daß des Grafen Bruder und Vormund, der Verfasser des Concepts, der sich ja nur auf den Mangel seines Consenses zu berufen brauchte, dem Könige gegenüber alle möglichen Gründe geltend machte, darunter auch ohne jede nähere Begründung die Ehe als eine „Mesalliance" bezeichnete. Schließlich wurden dem Fräulein, nach langem Handeln um den Betrag, 6000 Rthlr. als Satisfactionsgelder gezahlt.

Der Verlauf dieser ganzen Angelegenheit läßt weder für noch gegen ein strengeres Herkommen etwas Erhebliches erkennen.

5. Die für den Beweis eines strengeren Herkommens auf den ersten Blick wichtig scheinende Ehe des Grafen Ferdinand Christian von Schaumburg-Lippe mit Anna Marie Victoria von Gall aus einem tirolischen Adelsgeschlechte verliert diesen Werth bei näherer Prüfung der Ehe.

Der am 16. August 1655 geborene protestantische Graf war seit 1691 mit einer Gräfin von Hohenlohe-Langenburg verheirathet und hatte in dieser Ehe zwei, 1699 bezw. 1702 geborene Söhne. Bald nach Geburt dieser Kinder hatte ihn seine Gemahlin verlassen, und noch zu ihren Lebzeiten verheirathete er sich nach 34jähriger Ehe im Alter von 70 Jahren im Jahre 1725 mit dem katholischen Fräulein von Gall. Nach dem wenige Jahre später erfolgten Tode des Grafen wurde gegen sie von dessen Söhnen beim Reichshofrath ein Prozeß geführt, und dieser durch einen Vergleich erledigt, in dem sie auf die Gräflich Schaumburg-Lippeschen Titel, Namen, Wappen und sonstige Ansprüche verzichtete und dagegen eine Abfindung von 40 000 fl. erhielt. Der Ausgang dieses Streites würde unter den obwaltenden Umständen für ein strengeres Herkommen selbst dann nicht entscheidende Bedeutung haben, wenn, wie nach den Erklärungen der Parteien anfangs angenommen werden mußte, die erste Ehe rechtsgültig getrennt war. Wie aber die Akten des fürstlichen Archivs in Bückeburg später ergeben haben, ist sie weder durch richterliches Urtheil für nichtig erklärt noch getrennt. Vielmehr hatte nur der Coadjutor des Erzstiftes Köln als Bischof von Paderborn und Münster, obgleich der Graf sich zu der protestantischen Confession bekannte, auf Grund eines Gutachtens der juristischen und der theologischen Fakultät in Jena die erste Ehe annullirt und der Papst Dispens ertheilt. Gegen die Gültigkeit dieser zweiten Ehe legte die erste Gemahlin sofort einen notariellen Protest ein, weil der Graf, der von ihr nicht durch Richterspruch geschieden sei, rechtlich keine zweite Ehe eingehen könne. In dem von ihr eingeleiteten Prozesse erhob Victoria von Gall Ansprüche aus den Ehepakten und aus einer Schenkung des Grafen unter Lebenden. Dagegen machten die Söhne des Grafen erster Ehe geltend, daß die Ehe nichtig gewesen sei, weil es an einer rechtsgültigen Scheidung der ersten Ehe fehle; deshalb hätten auch die Ehepakten keine Bedeutung, und die Schenkung unter Lebenden sei ungültig, weil sie auf einer causa turpis beruhe.

Der Reichshofrath wollte offenbar eine Entscheidung über die Rechtsgültigkeit der zweiten Ehe vermeiden und machte deshalb Vergleichsversuche, die schließlich zu dem mitgetheilten Resultate führten. Jedenfalls tritt nirgends hervor, daß diese Ehe zwar als gültig, aber als unebenbürtig angesehen wurde, und damit verliert sie jede Bedeutung zu Gunsten einer strengeren Observanz.

6. Am meisten Bedenken in dieser Kategorie von Fällen könnte an sich die Geschichte der im Jahre 1760 erfolgten Verlobung des regierenden Grafen Wilhelm zu Schaumburg-Lippe, des bekannten Feldmarschalls, mit Therese von der Asseburg erregen. Diese wird zwar in einem Briefe ihres Vaters als Baronesse bezeichnet; daß sie wirklich freiherrlichen Standes gewesen sei, ist aber unter den Parteien bestritten. Die Verlobung ging nach dem eigenen Entschlusse des Grafen zurück, weil er — muthmaßlich da er auf Seite Preußens gegen den Kaiser kämpfte — von diesem die Erhebung seiner Braut in den Reichsgrafenstand nicht erreichen konnte. Daß er nur aus diesem Grunde von der Eingehung der Ehe absah, ist zwar nicht zu bezweifeln, da andere Gründe in dem vorliegenden Material nicht hervorgetreten sind; aber aus den begleitenden Umständen ist deutlich zu erkennen, weshalb er die Standeserhöhung als „conditio sine qua non“ des Abschlusses der Ehe ansah. Nicht

weil er sie nach Lippeschem Hausrechte für nöthig hielt; nirgends ist angedeutet, daß er der Meinung war, die Ehe wäre in Lippe sonst nicht ebenbürtig, seine Descendenz dort nicht successionsfähig. Vielmehr deutet er schon in seinem Briefe an die Gräfin Bentinck in Wien mit den Worten:

„. . . puisque on ne veut pas se resoudre à faire comtesse la personne en question, de peur de me faire plaisir sans songer qu'en ne le faisant pas on en fait à la maison de Hesse peut être . . .“

an, daß er besorgt war, der Landgraf von Hessen-Cassel als Lehnsherr der Grafschaft Schaumburg werde demnächst Schwierigkeiten machen wegen der Lehnssuccession und bei dem kaiserlichen Hofe wegen dessen Feindschaft gegen den Grafen Unterstützung finden. Daß der Graf sich nur vor dem hessischen Lehnhofe und dessen Begünstigung durch den Kaiser fürchtete, zeigen deutlich zwei Briefe des gräflichen Kanzleidirektors von Colson an Rehboom, den Lippeschen Vertreter in Wien. In diesen wird auf den Gedanken hingewiesen „durch den Consens des (sc. hessischen) Lehnhofes und die Garantie von E(ngland) und P(reußen) der Succession prospiciren zu wollen“, zugleich aber auf die vielen Bedenklichkeiten, denen dieser Plan unterworfen sei.

Daß die Furcht vor Hessen-Cassel sehr begründet war, lag auf der Hand; denn es stand gerade der Streit zwischen dem Landgrafen von Hessen und dem Grafen zur Lippe-Alverdissen wegen der Ebenbürtigkeit der — sofort noch zu prüfenden — Friesenhausenschen Ehe und der Lehnsfolgefähigkeit ihrer Descendenz in die Grafschaft Schaumburg in höchster Blüthe; trotz aller Mandate des Reichshofraths wollte Hessen-Cassel sich nicht beruhigen, griff später sogar zu den Waffen. Graf Wilhelm mußte daher erwarten, daß, wenn er die Standeserhöhung seiner Braut nicht erlangte, also den Kaiser nicht in sein Interesse ziehen konnte, der ihm aus politischen Gründen ungnädig gesinnte Kaiser sich in einem neuen Streite, wenn auch ohne genügenden Grund, auf die Seite von Hessen-Cassel stellen würde; die Grafschaft Schaumburg aber war der wichtigste Besitz der gräflichen Familie, an eine Succession in Lippe-Detmold nicht zu denken, da ihr als der jüngsten Linie nähere Agnaten in großer Zahl vorgingen.

Auch mag mitgewirkt haben, daß der Graf Wilhelm Mitglied des Westphälischen Grafenvereins und zugleich der regierende Graf in Schaumburg-Lippe war, daher vielleicht Werth auf hohen Rang seiner Braut legte; daß er aber die von ihm beabsichtigte Ehe für durchaus ebenbürtig hielt, ergiebt sich klar aus dem von ihm selbst nur 8 Jahre vorher zu Gunsten der mindestens gleichliegenden Friesenhausenschen Ehe abgelegten Zeugnisse. Denn er erklärte in seinem Consense zu der damals noch nicht erfolgten Standeserhöhung der geborenen von Friesenhausen, die von einfachem niederen Adel war, daß die Kinder aus dieser Ehe

„... sowohl von uns als von sämmtlichen Gräflichen Standes-Agnaten, auch Landständen und Unterthanen der beiden Grafschaften Schaumburg und Lippe für rechte resp. in Land und Leuthe successions- und erbfähige Grafen und Gräfinnen von Schaumburg und Lippe von ihrer Geburt an undisputirlich geacht, gehalten und geehret werden ...“

Endlich wird in einem Schreiben vom 19. März 1762 erwähnt, daß in einem auf Befehl des Grafen eingezogenen Gutachten der Kanzleidirektor Struben sich entschieden für die Ebenbürtigkeit der beabsichtigten Ehe ausgesprochen habe, wobei nicht einmal angedeutet wird, es bestehe vielleicht im Hause Lippe ein strengeres Herkommen.

Hiernach spricht auch die Geschichte dieser Verlobung nicht für ein solches Herkommen.

7. Der Verlobung des Grafen Ludwig Heinrich zur Lippe-Biesterfeld mit einer angeblichen „Baronesse von Callisch, einer ungarischen Magnatin,“ und dem Umstande, daß sie nicht zur Eingehung der Ehe geführt hat, kann schon deshalb ein irgend erheblicher Einfluß auf die Bildung eines Herkommens im Hause Lippe nicht beigemessen werden, weil nicht einmal die Familie, aus der sie stammen soll, hat ermittelt werden können, noch weniger, ob sie von einfachem niederen Adel oder freiherrlichen Standes war, auch nicht aus welchem Grunde die Verlobung zurückgegangen ist. Eines näheren Eingehens auf das von dem Herrn Fürsten zu Schaumburg-Lippe beigebrachte geringe thatsächliche Material bedarf es daher nicht.

8. Auch die am 27. September 1722 geschlossene Ehe des Grafen Friedrich Ernst zur Lippe-Alverdissen mit Philippine Elisabeth von Friesenhausen aus einem alten, aber landsässigen Lippeschen

Geschlechte von einfachem niederen Adel ist zu dieser Kategorie von Ehen zu zählen und unterscheidet sich von den übrigen nur dadurch, daß nach dreißigjähriger Ehe, als der älteste Sohn schon 29 Jahre alt war, auf den Antrag des Grafen die Frau im Jahre 1752 durch den Kaiser in den Reichsgrafenstand erhoben wurde. Aus dieser Ehe stammen sämmtliche lebende Mitglieder der Linie Schaumburg-Lippe.

Von den Lippeschen Agnaten wurde diese Ehe vor der Standeserhöhung nicht ausdrücklich angefochten. Als jedoch im Jahre 1751 ein gemeinsames Vorgehen aller Lippeschen Agnaten gegen die aus der oben erwähnten Ehe des Grafen Heinrich Ludwig mit Anna Susanne Fontanier hervorgegangenen Kinder betrieben wurde, sprachen sich die Grafen Friedrich Karl August und Ferdinand Johann Ludwig, die Stifter der Linien Lippe-Biesterfeld und Lippe-Weißenfeld aus prozeßpolitischen Gründen gegen die Betheiligung des Grafen von Lippe-Alverdissen aus, weil ein Einwand auf Grund der Friesenhausenschen Ehe zu befürchten sei, da auch der Adel der Fontanier behauptet werde. Dabei erklärten sie zugleich, daß sie selbst ihr Urtheil über die Friesenhausensche Ehe sich vorbehielten.

In ähnlicher Weise haben dieselben beiden Grafen etwas später, als ein Vergleich geschlossen, und dieser von dem regierenden Grafen von Schaumburg-Lippe zugleich im Namen des mit der Friesenhausen verheiratheten Grafen Friedrich Ernst zur Lippe-Alverdissen und dessen Descendenz ratificirt war, gegen diese „extension“ schriftlich mit dem Zusatze protestirt, daß sie „die übrige hierher nicht gehörige quaestionem status vorjetzo dahingestellt sein lassen“. Angegriffen haben sie aber auch nachträglich die Ehe nicht.

Der regierende Graf von Lippe-Detmold hatte die Ebenbürtigkeit schon vor der Standeserhöhung durch einen an den Grafen Philipp Ernst, den Sohn der Friesenhausen, gerichteten Brief vom 25. Mai 1749 thatsächlich anerkannt, in welchem er in Formen, die jeden Zweifel an der ebenbürtigen Abstammung ausschließen, die an den Grafen Philipp Ernst durch dessen Vater erfolgte Abtretung des Lippe'schen Paragiums Alverdissen billigte. In einem hinter der Standeserhöhung liegenden zweiten Briefe vom 28. Januar 1755 erklärte er sich sogar in denselben Formen damit einverstanden, daß der Graf Philipp Ernst die erbherrliche Huldigung in Alverdissen entgegennehme, und bat nur, den Huldigungsakt so vorzunehmen, daß weder die Landesgesetze verletzt, noch die landesherrlichen Rechte des regierenden Grafen beeinträchtigt würden. Trotz der hierin liegenden Anerkennung griff er im Jahre 1770, als er mit dem Grafen Philipp Ernst in Streit gerathen war, dessen Ebenbürtigkeit in einem — später noch zu erwähnenden — beim Reichskammergerichte anhängigen Prozesse an, drang jedoch mit diesem Angriffe nicht durch.

Die Standeserhöhung wurde 1748 in Anregung gebracht, weil Hessen-Cassel, von dem Schaumburg-Lippe die Grafschaft Schaumburg zu Lehen trug, hatte verlauten lassen, daß es die in die früheren Lehnbriefe von 1729 und 1731 vorbehaltlos aufgenommenen Söhne aus dieser Ehe nicht als lehnsfolgefähig ansehe. Als dann wirklich im Jahre 1749 bei der Descendenz des in die Belehnung mit aufgenommenen Gemahls der Friesenhausen die Einschaltung „successionsfähige" gemacht, und dieser Lehnbrief auch von Schaumburg-Lippe angenommen worden war, wurde die Standeserhöhung ernstlicher in Aussicht genommen. Der Schaumburg'sche Regierungspräsident von Lehenner bemerkte dazu, die Standeserhöhung, wann solche auch nicht de necessitate sein möchte, würde doch ad bene esse dienen, weil der Kaiser dadurch desto sicherer in das gräfliche Interesse gezogen und gern die Gelegenheit ergreifen würde, sich gegenüber der Wahlkapitulation, die ihm bei nur zweifelhaft scheinenden ungleichen Heirathen die Hände noch nicht gebunden habe, sein Reservatrecht auszuüben. Auch der zu einem Gutachten aufgeforderte Hofrath Frederking in Bückeburg spricht in diesem aus, es sei „keine lex imperii vorhanden, wodurch die Heirath eines Reichsgrafen mit einer Dame von gutem Adel improbiret worden, und aus der Observanz dergleichen um so weniger zu inferiren, als vielmehr viele exempel und parallel casus in contrarium vorhanden." Er fügt noch hinzu, manche Publizisten seien aber auch anderer Ansicht, und man habe es mit einem mächtigen Hause zu thun und müsse sich auf jede Weise zu sichern suchen. Nun könne zwar die Standeserhebung der Frau Gräfin ihren Kindern keine Successionsfähigkeit geben, wohl aber die bereits vorhandene aus allem Zweifel setzen und den Kaiser bewegen, sich ihrer mit desto größerem Nachdruck anzunehmen und sie von der Succession nicht verdrängen zu lassen.

Unter Einreichung des vom regierenden Grafen Wilhelm von Schaumburg-Lippe ausgestellten, bereits erwähnten Consenses, in welchem dieser bezeugte, daß die Kinder aus dieser Ehe stets von ihm und allen Schaumburg'schen und Lippe'schen Agnaten als rechtgeborene und successionsfähige Grafen uud Gräfinnen zur Lippe angesehen seien, wurde dann die Erhebung in den Reichsgrafenstand beantragt. Das Gesuch wurde namentlich damit begründet, daß die Ehefrau von gutem Adel sei, und der Graf sich folglich wegen dieser Ehe keinen Vorwurf oder Zweifel zu machen habe, daß aber doch, weil die Zeiten böse und die Streitsüchtigkeit der Welt bekannt, zur Vermeidung aller Irrungen und Beschwerlichkeiten die Erhebnng der Ehefrau in den Stand einer Reichsgräfin, gleich als wenn sie von Geburt aus eine solche wäre, erwünscht sei. In dieser Weise wurde dann durch das Kaiserliche Diplom vom 14. März 1752 die Standeserhöhung ausgesprochen.

Nachdem sie erfolgt war, wandte der Graf Friedrich Ernst sich klagend an den Reichshofrath und erlangte von diesem gegen Hessen-Cassel ein mandatum s. cl. attentatorium, cassatorium, inhibitorium et de non turbando .... in possessione vel quasi nobilitatis avitae .... Ein gleiches Mandat erging auch gegen den regierenden Grafen von Schaumburg-Lippe, weil Bückeburg durch Annahme der veränderten Lehnbriefe ein Einverständniß mit Hessen-Cassel bekundet hatte.

Als Hessen-Cassel Einwendungen gegen das Mandat erhob, wurden diese vom Reichshofrath durch Dekret vom 9. Mai 1754 zurückgewiesen, spätere Eingaben wurden ad acta gelegt, das petitorium aber dem Landgrafen vorbehalten; doch ist dieses nie angestellt, vielmehr erhielt, als der Successionsfall im Jahre 1777 eintrat, der Graf Philipp Ernst, der Sohn der Friesenhausen, für sich, seinen Bruder und „ihre Mannes-Leibes-Lehns-Erben" die Belehnung vom Landgrafen Friedrich II. ohne Vorbehalt. Des letzteren Nachfolger aber, der Landgraf Wilhelm IX., versuchte die Grafschaft Schaumburg unter militärischer Besetzung des Landes als eröffnetes Lehen einzuziehen, mußte jedoch auf ein Dekret des Reichshofraths und die drohende Reichsexekution sich zurückziehen und die Strafe des Landfriedensbruchs zahlen.

Die Friesenhausen'sche Ehe ist infolge dieser Vorgänge zu hervorragender Bedeutung gelangt und galt schon zu Ende des vorigen Jahrhunderts bei den Publizisten als ein sicherer Beweis dafür, daß nach dem Reichsrechte der niedere Adel den reichsgräflichen Familien ebenbürtig sei. So wird von Struben, einem der angesehensten Juristen des vorigen Jahrhunderts, in seinen „Rechtlichen Bedenken", und zwar in dem Bedenken 135 mit der Ueberschrift:

„Die von einem Reichsgrafen in der Ehe mit einer Stiftsmäßigen von Adel erzeugten Kinder sind von der Succession in die Grafschaft nicht auszuschließen"

die erste Entscheidung des Reichshofraths vom 12. Juli 1752 in vollem Umfange als ein klarer Beweis für den von ihm aufgestellten Satz mitgetheilt.

Moser sagt sogar in seinem Reichsstaatshandbuche für 1769 bis 1775 S. 370, in dem kaiserlichen Diplome, durch das die Erhebung der Friesenhausen in den Reichsgrafenstand erfolgte, sei darüber ausdrücklich gemeldet, „daß dieses nicht an sich nothwendig seie, um ihre Posterität successionsfähig zu machen". Dieser Satz findet sich allerdings, wörtlich genommen, in dem Diplome nicht, Moser folgert ihn wohl nur aus den beigegebenen Gründen, und das hat viel für sich. Entscheidungsgründe in unserem Sinne hatten zwar diese kaiserlichen Diplome nicht, sie waren eingetheilt in „Einleitung, merita, creatio, arma, Mandat an den Kanzler und mandatum generale; in die merita aber wurde der Inhalt des Gesuchs — soweit er, wie wohl angenommen werden muß, kein Bedenken erregte — wörtlich aufgenommen, und in diesen meritis heißt es, daß die Kinder aus der Friesenhausen'schen Ehe von alter Zeit her als erb- und successionsfähige Grafen und Gräfinnen zur Lippe angesehen seien.

Die Behandlung dieser Ehe spricht daher durchaus nicht für, wohl aber gegen das Bestehen eines strengeren Herkommens.

In dem jetzigen Thronfolgestreite hat zwar der Herr Fürst von Schaumburg-Lippe behauptet, daß die Ehe des Grafeu von Lippe-Alverdissen mit Fräulein von Friesenhausen ursprünglich eine Mißheirat gewesen und erst durch die kaiserliche Standeserhöhung mit rückwirkender Kraft geheilt worden sei. Dieser Auffassung kann jedoch nach dem Ausgeführteu nicht beigetreten werden. Auch wenn die Ehe von Anfang an vollgültig, und daher eine nachträgliche Standeserhöhung weder erforderlich noch auch streng juristisch correct war, so konnte doch die Einholung einer solchen aus politischen Gründen zweckmäßig scheinen. Wäre aber die Ehe wirklich eine

Mißheirath gewesen, so hätten sich ernstliche Bedenken ergeben, ob die nur mit Zustimmung der Schaumburgischen, nicht auch der Lippischen Agnaten rückwirkend ertheilte Standeserhöhung die schon vorhandenen Söhne auch zu successionsfähigen Agnaten hinsichtlich der Lippischen Lande hätte machen können.

Außer den bereits genannten Ehen und Verlobungen sind nun noch die Ehen zu prüfen, die erst nach vorgängiger Standeserhöhung der dem einfachen niederen Adel angehörenden Braut geschlossen wurden. Diese sind aber für den Beweis eines strengeren Herkommens nur dann von Bedeutung, wenn die Standeserhöhung für nöthig erachtet wurde, um die Ebenbürtigkeit herzustellen.

Zu diesen Ehen gehören:

a. Die am 30. September 1721 geschlossene Ehe des Grafen Albert Wolfgang von Schaumburg-Lippe mit Gertrud von Oeynhausen. Ihre Mutter war die Schwester der bekannten, vom König Georg I. von England zur Herzogin von Kendal erhobenen Melusine von der Schulenburg. Das Gesuch ist sehr allgemein gehalten; daß es gestellt werde zwecks Eingehung der Ehe und um das Fräulein ebenbürtig zu machen, wurde nicht einmal angedeutet. Vielmehr ergiebt sich aus der — in dem Anhang 2 der Begründung der Schaumburg-Lippeschen Ansprüche mitgetheilten — Correspondenz, daß man die Absicht der Verheirathung möglichst verheimlichen wollte. In der dem Agenten in Wien ertheilten Instruktion wird der wahre Grund der Standeserhöhung ganz offen mit den Worten angegeben:

„... Die Standeserhöhung wird nur gesucht, dem alten Grafen allen praetext, seinen Consens zu dieser Heirath zu difficultiren, zu nehmen ...“

In einem Berichte dieses Agenten an den König von England heißt es:

„... Weil der alte Graf vermuthlich den consens seinem älteren Sohne zu der bevorstehenden Verheirathung nicht geben oder doch difficultiren und praetext nehmen wird, von einem matrimonio inaequali zu sprechen, so wird das diploma ein großes momentum geben ...
Wenigstens wird dieses den alten Grafen furchtsam machen, davon zu sprechen, und sich weniger wagen, Hülfe bei Ihrer Kaiserlichen Majestät durch die Pfaffen zu suchen“ ...

Hieraus, auch aus anderen Sätzen und aus den feststehenden Thatsachen, daß die Verlobung, die Standeserhöhung, sogar sofort nach dieser die Verheirathnng ohne Wissen und Willen des Vaters des Grafen erfolgten, ergiebt sich, daß der Graf, der schon wegen der nahen Verwandtschaft seiner Braut mit der Herzogin von Kendal eine Consensverweigerung seines Vaters befürchten mochte, diesem — mit dem er völlig zerfallen war, und der wenige Jahre später die bereits erwähnte Ehe mit dem Fräulein von Gall einging — mit einer vollzogenen Thatsache entgegentreten, durch die Standeserhöhung aber den Vater leichter beruhigen und sich den Schutz des Kaisers verschaffen wollte. Sein Verhalten läßt sich nur erklären, wenn er annahm, daß trotz der vorgängigen Standeserhöhung sein Vater den Consens verweigern würde.

War die Braut, wie in einigen Urkunden behauptet wird, nicht leibliche, sondern Adoptivtochter, so lag noch ein besonderer Grund für das Gesuch um Standeserhöhung vor; jedenfalls ist die Geschichte dieser Eheschließung zu unklar, um für ein Herkommen von erheblicher Bedeutung sein zu können.

b. Die am 18. April 1770 geschlossene Ehe des Grafen Friedrich Wilhelm zur Lippe-Biesterfeld mit Elisabeth Johanne von Meinertshagen.

Nach dem Gesammtinhalte des zu dieser Ehe vorliegenden umfangreichen Urkundenmaterials ist nicht zweifelhaft, daß in diesem Falle die Standeserhöhung allerdings für nöthig gehalten wurde, um die Ebenbürtigkeit und die Successionsfähigkeit der Kinder herzustellen. Auch ist nicht anzunehmen, daß diese Meinung allein durch die, allerdings mitwirkende, Rücksicht auf die Biesterfelder Rente veranlaßt wurde; denn es wird wiederholt von der Succession in Land und Leute gesprochen, und in dem von dem Bräutigam gegenüber dem Grafen Wilhelm von Schaumburg-Lippe ausgestellten Reverse wird dessen Linie der Vorrang bei der Succession in das Stammland eingeräumt. Trotzdem kann dieser Fall nur als ein zweifelhafter angesehen werden, er spricht nicht sicher für ein strengeres Herkommen. Denn die Ebenbürtigkeit der Braut war auch nach gemeinem Rechte mindestens zweifelhaft, da Fräulein von Meinertshagen von neuem Briefadel war; ihr Großvater wurde erst im Jahre 1748, also jedenfalls viele Jahre nach der Geburt ihres Vaters geadelt, und ihre Großmutter war aus dem Bürgerstande. Deshalb verlangte auch der Kaiser, daß vor der Standeserhöhung der Consens der Agnaten beigebracht werde, und der regierende Graf Wilhelm zu Schaumburg-Lippe scheint diesen Umstand benutzt zu haben, um gegen Ertheilung seines Consenses erhebliche Zusicherungen zu Gunsten seiner Linie zu erlangen; denn er ist derselbe Graf Wilhelm, der in dem — abgesehen von dem Alter des Adels ganz gleichliegenden — Friesenhausenschen Falle entschieden die Successionsfähigkeit der aus der Ehe mit einer Dame von niederem Adel hervorgegangenen Kinder bezeugte. Außerdem wird innerhalb der Linie Lippe-Alverdissen in einem deren Consensertheilung betreffenden Promemoria vom 2. Mai 1769 gesagt:

„Was die Standeserhöhung an sich selbst betrifft, so kann solche in diesem casu singulari nicht unterlassen werden, weil ohne Standeserhöhung die Succession nach dem neueren jure publico zumal für diese Descendenz nicht bestehen könnte . . .“

Man hatte also große Bedenken wegen des gemeinen Rechts, entweder allgemein oder, was nach der Fassung näher liegt, in dem concreten Falle wegen des neuen Adels. Davon aber, daß ein besonderes Hausrecht, ein Familienherkommen bestehe, wird nirgends etwas erwähnt; das würde doch, zumal in so vielen Schriftstücken die Sache von allen Seiten eingehend beleuchtet wird, kaum zu erklären sein, wenn ein besonderes Herkommen in der Familie feststand oder auch nur zweifelhaft war.

c. Der Graf Wilhelm Albrecht von Lippe-Detmold verheirathete sich am 16. Februar 1773 mit der verwittweten Wilhelmine Gottliebe von Trotha geborenen von Trotha, nachdem die Braut auf das mit Genehmigung seines Bruders, des regierenden Grafen Simon August an den Kaiser gerichtete Gesuch durch Diplom vom 4. November 1772 in den Stand einer rechtgeborenen Reichsgräfin mit aller Gleich-, Voll- nnd Ebenbürtigkeit erhoben war. Ein Consens der Agnaten ist, abgesehen von dem des regierenden Grafen, nicht ertheilt, die kinderlos gebliebene Ehe aber nie angefochten worden. Der ältere Bruder des Grafen Wilhelm, Graf Ludwig Heinrich Adolf, hat nicht — wie früher angenommen wurde — gegen die Ehe und die Ebenbürtigkeit der Braut Widerspruch erhoben, sondern nur gegen einzelne, Witthum und Kompetenzgelder der Töchter betreffende Bestimmungen der Ehepakten und deren Unterzeichnung nur aus diesem Grunde abgelehnt. Später ist diese jedoch erfolgt, nachdem unter Vermittelung des regierenden Grafen eine Einigung erzielt war.

Weshalb die Standeserhöhung veranlaßt wurde, ist aus den vorliegenden Urkunden nicht mit einiger Sicherheit zu ersehen, namentlich nicht, ob die Ebenbürtigkeit der Dame bezweifelt wurde, oder ob es nur im Interesse des Hauses und der Familie geschah. Vielleicht hat der älteste Bruder des Bräutigams, der regierende Graf Simon August zur Lippe-Detmold, die Erhebung in den Reichsgrafenstand veranlaßt. Denn dieser scheint überhaupt eine etwas strengere Ansicht, als die übrigen Familienglieder gehabt zu haben; er ist es, der auch bei der eben erwähnten Ehe mit Fräulein von Meinertshagen anfangs Schwierigkeiten machte und namentlich die Friesenhausen'sche Descendenz, die er zuerst durch schlüssige Handlungen als successionsfähig anerkannt hatte, später als unebenbürtig angriff, damit aber beim Reichskammergerichte unterlag. Gerade wegen dieses gleichzeitig geführten Processes, in welchem er mit Entschiedenheit geltend machte, daß die Ehe eines Reichsgrafen mit einer Landsässigen von Adel eine Mißheirath sei, mußte er, um nicht mit seinen eigenen Handlungen in Widerspruch zu gerathen, darauf halten, daß sein Bruder die vorgängige Erhebung seiner Braut in den Reichsgrafenstand bewirkte. Denn auch Frau von Trotha stammte aus einer landsässigen Familie, und in dem über die Weigerung der Unterzeichnung ihrer Ehepakten geführten Prozesse wird in dem Urtheile des Reichshofraths hierüber gesagt:

> „Ueberhaupt wäre es schon sonderbar, Jemanden zu seinem Consens in fremdprärogative Ehepakten zu zwingen, außer es wäre exceptio a regula durch Familienobservanz und pro certis casibus festgestellt. Da aber hiernach insbesondere gleich ersten Anblicks der Umstand hierher kommt, daß die Gemahlin des Imploranten von einer landsässigen Sächsischen Familie ist, welche dann gar leicht dem Herkommen des Hauses entgegen sein möchte, so fällt die via praecepti selbst hinweg und bleibt nicht anderes als eine coitio zur Veranlassung übrig."

Hiernach kann auch dieser Fall, da der wahre Grund des Antrags auf Standeserhöhung nicht aufzuklären ist, höchstens als ein zweifelhafter angesehen werden.

Zu diesen drei Ehen treten noch folgende zwei hinzu, in denen ebenfalls eine Standeserhöhung vor Eingehung der Ehe, jedoch nur in den Reichsfreiherrnstand erfolgte; sie sind zwar erst nach der Ehe mit Modeste von Unruh geschlossen, liegen dieser aber zeitlich so nahe, daß sie für die Prüfung einer in dieser Zeit bestehenden Observanz nicht ohne Bedeutung sind.

d. Die Ehe des Grafen Ferdinand, Großvaters des jetzigen Chefs der Linie Lippe-Weißenfeld mit der Reichsfreiin Gustave von Thermo. Diese stammte aus einer altadeligen Familie, und ihr Vater wurde wenige Wochen vor ihrer am 23. November 1804 erfolgten Verheirathung sammt seinen Descendenten vom Kaiser Franz II. „in den Stand, Ehre und Würden Unserer und des heiligen Römischen Reiches Panner-Freiherren und Freiinnen" erhoben. Ob dies geschah, um die, noch jetzt von dem Herrn Fürsten zu Schaumburg-Lippe als Mißheirath angegriffene Ehe ebenbürtig zu machen, tritt um so weniger hervor, als nicht die Braut allein, sondern ihre ganze Familie die Standeserhöhung erhielt. Uebrigens war diese schon wegen des Brüdervergleichs von 1749 nöthig und findet in ihm eine genügende Erklärung, da von seiner Beobachtung in der Linie Weißenfeld die Ansprüche auf die Lippesche Rente, mindestens nach der Ansicht der Betheiligten, abhingen.

e. Am 9. Juni 1806 vermählte sich der Graf Johann Karl zur Lippe-Biesterfeld mit Bernhardine von Sobbe, Tochter des Königlich Preußischen Regierungspräsidenten von Sobbe in Münster. Die Braut war von neuem niederen Adel; erst ihr Vater war geadelt worden; sie wurde aber vor der Hochzeit in den Reichsfreiherrnstand erhoben. Der Bruder des Bräutigams, der mit Modeste von Unruh verheirathete Graf Wilhelm Ernst, hatte seinen Consens ertheilt, ebenso ein Vetter, der Graf Ferdinand zur Lippe-Biesterfeld, letzterer mit dem Zusatze:

„... meine Einwilligung zu der, seiner vorhabenden ehelichen Verbindung als nach den Rechten unseres Hauses nothwendig vorhergehenden Erhebung in den Reichsfreiherrn- oder Reichsgrafenstand seiner Fräulein Braut."

Darin lag jedenfalls eine Hinweisung auf den Brüdervergleich.

Der Vertreter für Schaumburg-Lippe hat als Anhang ein sog. Gutachten des Grafen Carl Christian zur Lippe-Weißenfeld vom

8. Juni 1805 über diese damals schon beabsichtigte Ehe eingereicht, in welchem dieser sich sehr gegen sie ausspricht. Von Interesse für die vorliegende Frage ist daraus, daß auch dieser Herr, obgleich Jurist und Reichshofrath, sich nicht auf abweichendes Lippesches Hausrecht beruft, sondern nur im Anschluß an die allgemeine Bemerkung, eine mehr als sechshundertjährige Reichsstandschaft und Unmittelbarkeit schließe jede Alliirung mit mediaten und ministeriellen Familien aus, mißbilligt, daß die Braut von ganz neuem Adel, ihre Familie eine landsässige und ministerielle sei; er betont auch, daß selbst der Kaiser durch eine Standeserhöhung die fehlenden Ahnen nicht ersetzen könne.

In der nächstfolgenden Zeit von 1808 bis 1820 sind dann übrigens in der Linie Lippe-Weißenfeld noch drei Ehen mit Damen von einfachem niederen Adel geschlossen, ohne daß eine Standeserhöhung vorherging oder nachfolgte, nämlich die Ehe des Grafen Hermann mit Caroline von Lang am 5. Januar 1808, desselben Grafen mit Dorothee von Lang am 4. September 1815, und die des Grafen Bernhard mit Emilie von Klengel am 21. Mai 1820.

Hiernach bieten die Einzelfälle, jeder für sich betrachtet, in der überwiegenden Mehrheit gar kein, in einigen nur geringes Beweismaterial zu Gunsten eines im Lippeschen Hause geltenden strengeren Herkommens, einer spricht sogar entschieden dagegen. Prüft man sie nun in ihrer Gesammtheit, so muß allerdings das Zusammentreffen so vieler Fälle, in denen Ehen und Verlobungen beanstandet oder die Ehen erst nach erlangter Standeserhöhung geschlossen wurden, größere Zweifel erregen. Diesen treten aber wiederum so erhebliche Umstände entgegen, es zeigt sich überall solche Unklarheit der Anschauungen innerhalb der Familie, solche Unsicherheit und eine so verschiedene Behandlung der einzelnen Ehen, daß das Schiedsgericht nicht die Ueberzeugung hat gewinnen können, es habe sich in dem Hause Lippe ein, mehr als einfachen niederen Adel, vielleicht mit Abstammung aus altadliger Familie, erforderndes Herkommen gebildet.

Gewiß ist im Hause Lippe der Wunsch rege gewesen, daß seine Mitglieder Ehen eingingen, die, um Moser's Worte zu gebrauchen, dem splendeur und lustre des Hauses nützlich sein würden. Aber das ist nichts dem Hause Lippe Eigenthümliches; diesen Wunsch

theilten seine Mitglieder nicht nur mit allen reichsgräflichen Familien, sondern auch mit allen Familien des niederen Adels, des höheren Bürger-, ja sogar des Bauernstandes; gerade in letzterem wird noch jetzt streng auf gleiche sociale Stellung der Braut gehalten. Derartige Rücksichten haben stets geführt und führen noch immer zum Widerspruche gegen Verbindungen mit standesungleichen Personen und erklären schon für sich allein den Wunsch der Familie, durch eine kaiserliche Standeserhöhung, obgleich diese doch in Wirklichkeit die Person und ihre Angehörigen nicht zu anderen machte, das Ansehen der Familie zu vermehren. Das alles ist aber für die vorliegende Frage ohne Bedeutung. Vielmehr müßte aus den Übungsacten der übereinstimmende Wille sämmtlicher Linien des Lippeschen Hauses klar hervortreten, daß die Ehe mit einer Person von einfachem niederen Adel nicht ebenbürtig, die in ihr erzeugten Söhne nicht successionsfähig sein sollten. Die Familienobservanz ist nicht etwa der unvordenklichen Verjährung gleichzustellen, bei der die thatsächliche Uebung nur Beweismomente für die Vermuthung bringt, daß in weit zurückliegender Zeit das beanspruchte Recht erworben sei; sie ist vielmehr eine autonomische Willenserklärung der Familie, die sich von dem schriftlichen Hausgesetze nur dadurch unterscheidet, daß sie keinen schriftlichen Ausdruck gefunden hat, aber aus den in der gleichförmigen Übung hervortretenden schlüssigen Thatsachen als der in den Mitgliedern des gesammten Hauses vorhandene übereinstimmende Wille klar erkannt werden kann. Es genügt daher auch nicht, daß man etwa in irriger Auffassung des gemeinen Rechts die Ehen für unebenbürtig hielt und deshalb die Standeserhöhungen veranlaßte.

Nun tritt in keinem Falle hervor, daß die Schwierigkeiten gemacht wurden, weil das Lippesche Hausrecht mehr als Abstammung der Gemahlin aus altadeliger Familie erfordere, oder daß, falls solcher Adel vorhanden war, die Standeserhöhung überhaupt für nothwendig erachtet wurde. Die einzigen beiden Fälle, die Zweifel erregen könnten, sind die Ehen mit Fräulein von Meinertshagen und mit Frau von Trotha; aber bei der letzteren läßt sich überhaupt nicht erkennen, weshalb man die Standeserhöhung veranlaßte, und bei dem ersteren Falle ist der neue Adel offenbar der wahre Grund, und noch mehr tritt dies bei der Ehe mit Bernhardine von Sobbe hervor. Hier wird vorher und nachher die Unebenbürtigkeit stets darauf, daß der Sobbe'sche Adel neu sei, gestützt.

Von schwer wiegender Bedeutung gegen eine strengere Observanz tritt noch hinzu, daß auch bei anderen Gelegenheiten ein bestimmtes strengeres Hausrecht nicht nur nicht behauptet, sondern sogar zuweilen verneint wird.

Wie die vorliegenden Akten des Reichskammergerichts aus dem Jahre 1770 ergeben, hatte der regierende Graf Simon August von Lippe-Detmold in einem Rechtsstreite den Grafen Philipp Ernst, den Sohn der Friesenhausen, obwohl er ihn in den bereits mitgetheilten beiden Briefen früher anerkannt hatte, als unebenbürtig, unächt geboren bezeichnet. In dem aus dieser Veranlassung beim Reichskammergerichte gegen ihn erhobenen Mandatsprocesse machte er für die Unebenbürtigkeit nur zwei Gründe geltend. Zunächst führte er aus, die Friesenhausens seien eine nur in der Grafschaft Lippe begüterte canzleisässige und dem hochgräflichen Lippeschen Hause mit der Unterthanenpflicht verhaftete adelige Familie, der gleichwie allen übrigen Lippeschen Landsässigen von Adel die conditio ministerialis anklebe, und die daher, außer anderen praestandis, auch die Dienstleistung bei Hofe verrichten müsse und wirklich verrichte. Er berief sich für die Unebenbürtigkeit einer solchen Ehe sowohl auf das Reichsrecht, als auch auf das Lippesche Hausrecht und hinsichtlich dieses auf die früher vorgekommenen, oben mitgetheilten Ehen mit Fräulein von Reden und mit Fräulein Fontanier. Daneben machte er geltend, daß die erst nach der Geburt der Kinder erfolgte Standeserhöhung nichts habe ändern können. Diese beiden Gründe kehren in den sehr langen Schriftsätzen immer wieder, und die Worte „landsässig“ und „Unterthanen des Hauses Lippe“ oder auch „subdita Lippiaca“ sind stets unterstrichen. Dagegen fehlt jede Andeutung, daß allgemein niederer Adel nicht genüge, freiherrlicher oder gar gräflicher Titel erforderlich sei.

Anscheinend beruht diese Vertheidigung auf einem Gutachten, das der Graf Simon August sich in demselben Jahre von seinem Archivrath Knoch hatte erstatten lassen; in diesem heißt es nach Aufzählung der in der Grafschaft Lippe angesessenen Landsassen, zu denen auch die von Reden gehören:

„5. Da nun alle diese zum Theil unstrittig rittermäßige Geschlechter würkliche Unterthanen von alten Zeiten her gewesen, so ergiebt sich ex natura et qualitate, daß dieses allemahl für eine Mesalliance geachtet werden müssen, wan ein Lippischer Herr entweder mit einer Tochter seiner oder seiner benachbarten Unterthanen sich in eine Eheverbindung hätte einlassen wollen."

Der Gegner des Grafen Simon August, der Graf Philipp Ernst, der Stammvater aller jetzt lebenden Mitglieder der Linie Schaumburg-Lippe, berief sich dagegen in diesem Prozesse für seine Ebenbürtigkeit nicht nur auf die kaiserliche Standeserhöhung, sondern an erster Stelle darauf, daß die Ehe seiner Mutter von vornherein eine durchaus ebenbürtige gewesen sei. Der Graf Simon August unterlag in dem Prozesse und wurde verurtheilt, sich aller Reden von unstandesmäßiger Geburt u. dgl. zu enthalten; aus welchen Gründen, ist nicht zu ersehen, da das Urtheil des Reichskammergerichts vom 12. Februar 1773 eine Begründung nicht enthält.

Auch seit Anfang dieses Jahrhunderts, wo doch das Herkommen sich sicher herausgestellt haben müßte, wird es nicht erwähnt; schon dieser Umstand spricht entschieden gegen sein Bestehen, da es doch, wenn es bestand, im Bewußtsein der Mitglieder der Familie gewurzelt haben müßte und genügender Anlaß es anzuwenden vorlag, indem allein von 1808—1820 die erwähnten drei Ehen mit Damen von einfachem niederen Adel geschlossen wurden. Namentlich folgende Schriftstücke sind in dieser Beziehung von Werth.

1. In dem auf Erfordern des Fürsten Leopold von Lippe-Detmold im Jahre 1833 von dem Regierungs-Präsidenten von Eschenburg in Detmold erstatteten Gutachten wird von einer Lippe'schen Hausobservanz nichts erwähnt, sondern nur ausgeführt, daß, auch wenn nach Reichsobservanz vollbürtiger und stiftsmäßiger Adel genüge, doch bislang nicht nachgewiesen worden, daß Modeste von Unruh von vollbürtigem alten Adel sei, während bei der von Sobbe, der Gattin des Grafen Johann Karl, das Gegentheil bereits feststehe, da erst ihr Vater in den Adelstand erhoben worden sei.

2. In dem — die Verleihung einer, Ebenbürtigkeit voraussetzenden Präbende betreffenden — Schreiben des regierenden Fürsten von Schaumburg-Lippe an den regierenden Fürsten von Lippe-Detmold vom 12. Januar 1847 heißt es, während ein abweichendes Familienherkommen nicht einmal angedeutet wird:

„Nach einem in den meisten reichsständischen Grafenhäusern zur Zeit des Reiches herrschenden Herkommen wurde bekanntlich auch die Ehe eines Reichsgrafen mit einem Fräulein von niederem Adel für eine ebenbürtige angesehen, wenn dieser Adel ein alter und ritterbürtiger war.“

3. In der hierauf erfolgten Antwort vom 22. Juni 1847 schreibt der regierende Fürst Leopold von Lippe-Detmold wörtlich:

„Es besteht bekanntlich keine für die beiden Hauptlinien unseres Hauses (eine Hinweisung auf den Brüdervergleich) verbindliche hausgesetzliche oder vertragsmäßige Bestimmung über Ebenbürtigkeit und Standesmäßigkeit.“

4. In seinem, an den Grafen Julius zur Lippe-Biesterfeld gerichteten Briefe vom 10. Mai 1853 lehnt derselbe Fürst Leopold von Lippe-Detmold den Vorschlag, hausgesetzlich den gräflichen oder freiherrlichen Stand der Braut zu verlangen, ab, weil einfacher alter Adel ebensoviel werth sei, wie jene Titel, der freiherrliche sogar oft auf Usurpation beruhe.

5. In gutachtlichen Notizen des Detmoldischen Kabinetsministers von Oheimb zu dem über eine beabsichtigte Hausgesetzgebung am 25. Juni 1855 aufgenommenen Protokolle ist gesagt, nur diejenigen Mitglieder der gräflichen Nebenlinien könnten als Angehörige des souveränen Hauses anerkannt werden, welche aus, den allgemeinen Grundsätzen des dynastischen Familienstaatsrechts entsprechenden Ehen hervorgegangen seien. Auch nach den laxesten Grundsätzen könne nur eine solche Ehe als ebenbürtig angesehen werden, die mit einer Person von, wenn auch niederem, doch altem Adel eingegangen sei.

Endlich wurde in dem bereits erwähnten Rechtsstreite der Gräfin von Haßlingen geborenen Gräfin zur Lippe-Weißenfeld gegen die Regierung des Fürstenthums Lippe dieser Beklagten zwar der Beweis ihrer Behauptung,

„daß nach den Hausgesetzen oder der Lippeschen Familienobservanz eine Ehe eines Mitgliedes des Fürstlich Lippeschen Hauses mit einer Person des alten niederen Adels keine ebenbürtige Ehe sei,“

nachgelassen; aber die Regierung hat, soweit bekannt, nicht einmal den Versuch gemacht, diesen Beweis zu führen.

Besteht aus allen diesen Gründen ein strengeres Herkommen im Hause Lippe nicht, so bedarf es keiner Prüfuug der Ehen, die in der

Weißenfelder Linie mit der Gräfin von Gersdorf-Baruth 1772, der Gräfin von Callenberg 1774, der Freiin von Hohenthal 1775 und den Gräfinnen von Hohenthal-Königsbrück 1809 und 1811 eingegangen sind; nur wenn eine strengere Observanz im allgemeinen zwar erwiesen, aber deren Inhalt noch genauer festzustellen wäre, würden diese Ehen von Bedeutung werden können. Aus demselben Grunde ist auch darüber keine Entscheiduug nöthig, ob die kaiserliche Erhebung einzelner Damen in den Reichsgrafen- oder Reichsfreiherrnstand ihnen den hohen Adel zu einer Zeit verschaffen konnte, als dessen Erwerb bereits von bestimmten sachlichen Voraussetzungen abhängig war.

Als Gesammtresultat ergiebt sich, daß Modeste von Unruh aus der altadeligen Familie von Unruh abstammte, daß diese Abstammung nach dem gemeinen Privatfürstenrechte zu ihrer Ebenbürtigkeit genügte, und daß zur Zeit der Eingehung ihrer Ehe ein für die Successionsfähigkeit ihrer Descendenten hinsichtlich des Fürstenthums Lippe maßgebendes strengeres Herkommen nicht bestand. Daraus folgt, da allein auf Grund dieser Ehe die Ebenbürtigkeit des Herrn Grafen Ernst zur Lippe-Biesterfeld bestritten ist, dessen Thronfolgefähigkeit.

Eines Eingehens auf die von ihm behaupteten Vorgänge, aus denen er eine Anerkennung jener Ehe folgert, bedurfte es daher nicht, vielmehr war wie geschehen zu erkennen.

Ueber die Kosten des Rechtsstreits war nicht zu entscheiden, da hierüber schon der Schiedsvertrag die nöthigen Bestimmungen enthält.

So beschlossen im Königlichen Schlosse zu Dresden am 22. Juni 1897.

Albert, König von Sachsen.

Dr. v. Oehlschläger, Reichsgerichtspräsident.	**Dr. Bingner,** Senatspräsident.	**Dr. Peterssen,** Senatspräsident.
Dr. Bolze, Reichsgerichtsrath.	**Müller,** Reichsgerichtsrath.	**v. Ege,** Reichsgerichtsrath.

Beilage 1.

Stammtafel-Auszug

unter Hervorhebung der für die Entscheidung in Betracht kommenden Ehen und Verlobungen.

I. Hauptlinie Lippe-Detmold.

Simon VI. 1554—1613.

Simon VII. 1587—1627.

- Simon Ludwig 1610—1636.
  - **Simon Philipp** 1632—1650.
- Hermann Adolf 1616—1666.
  - **Simon Heinrich** 1649—1697, verm. 1666 mit Gräfin v. Dohna.
    - **Friedrich Adolf** 1661—1718, verlobt 1691 mit Frl. von Ditfurth.
      - **Simon Heinrich Adolf** 1694—1734.
        - **Simon August** 1727—1782.
          - **Friedr. Wilh. Leopold** 1767—1802.
            - **Paul Alexander Leopold** II. 1796—1851.
              - **Leopold** III. 1821—1875.
              - **Woldemar** 1824—1895.
              - **Karl Alexander** geb. 1831.
        - **Wilhelm Albrecht Ernst** 1735—1791, verm. 1773 mit Gräfin von Trotha.
      - **Karl Friedrich** 1697—1725, verlobt mit Frl. v. Canitz 1718.
    - **Ferdinand Christian** 1668—1724, zweimal vermählt mit Gräfinnen v. Dohna.
      - Friedr. Alexander 1700—1769.
    - **Christoph Ludwig** 1679—1747, verm. 1714 mit Frl. Fontanier.
- Jobst Hermann 1625—1678.
  - **Rudolf Ferdinand** 1671—1726, verm. 1705 mit Gräfin v. Kunowitz.
    - **Biesterfelder Linie.**

Beilage 2.

II. Nebenlinien Biesterfeld.

Rudolf Ferdinand 1671—1726, verm. 1705 mit Gräfin v. Kunowitz.

Biesterfeld

- **Friedrich Karl August** 1706—1781.
  - **Karl Ernst Casimir** 1735—1810.
    - **Wilhelm Ernst** 1777—1840 verm. 1803 mit Frl. von Unruh.
      - **Julius** 1812—1884.
        - **Ernst** geb. 1842.
    - **Johann Karl** 1778—1844 verm. 1806 mit Freiin von Sobbe.
      - **Konstantin** 1811—1861 verm. 1837 mit Freiin v. Vincke.
      - **Karl** 1818—1883.
  - **Friedrich Wilhelm** 1737—1803. verm. 1770 mit Gräfin von Meinertshagen.
  - **Ludwig Heinrich** 1743—1794. verlobt 1770 mit Frl. v. Callisch, vermählt 1786 mit Frl. Kellner.

Weißenfeld

- **Ferdinand Johann Ludwig** 1709—1791.
  - **Friedrich Johann Ludwig** 1737—1791. verm. 1772 mit Gräfin von Gersdorf-Baruth und 1775 mit Freiin v. Hohenthal.
    - **Ferdinand** 1772—1846 verm. 1804 mit Freiin von Thermo.
      - **Gustav** 1805—1882.
        - **Ferdinand** geb. 1844.
        - **Georg** geb. 1850.
      - **Agnes** verm. mit Graf von Haßlingen.
      - **Hugo** 1809—1868.
  - **Karl Christian** 1740—1808 verm. 1774 mit Gräfin von Callenberg.
    - **Bernhard** 1779—1857 verm. 1820 mit Frl. v. Klengel.
    - **Hermann** 1783—1841. 2 mal verm. 1808 und 1815 mit zwei Schwestern v. Lang.

III. Linie Schaumburg-Alverdissen.

Simon VI. 1554—1613.

Philipp 1601—1681.

Schaumburg

- **Ferdinand Christian** 1655—1728, in zweiter Ehe vermählt 1725 mit V. v. Gall.
  - **Albert Wolfgang** 1697—1748, verm. 1721 mit Gräfin v. Öynhausen.
    - **Georg** 1722—1742.
    - Friedr. **Wilhelm** Ernst 1724—1777, verlobt 1760 mit Frl. von der Asseburg, vermählt mit Gräfin Marie von Lippe-Biesterfeld, Tochter von Friedr. Karl August.
  - Friedr. Ludwig Karl 1702—1778.

Alverdissen

- **Philipp Ernst** 1659—1723.
  - **Friedrich Ernst** 1694—1777, verm. 1722 mit Frl. von Friesenhausen.
    - **Philipp** II. **Ernst** 1723—1787.
      - **Georg Wilhelm** 1784—1860.
        - **Adolf Georg** 1817—1893.
          - **Georg** geb. 1846.

IV. Linie Brake (erloschen).

Simon VI. 1584—1613.

Otto 1589—1657.

- **Casimir** 1627—1700.
  - **Rudolf** 1664—1707.
- Friedrich 1638—1684.
  - **Ludwig Ferdinand** 1680—1709.
- **Georg** 1642—1703, verm. 1690 mit Frl. Sauermann.
- August 1643—1701.

Verzeichniß

der in Beziehung auf den Lippeschen Thronfolgestreit veröffentlichten Schriften.

Asemissen, Zur Lippeschen Frage.

Goldschmidt, Landgerichtsrath, Was bedeutet der Streit über die Thronfolge im Fürstenthum Lippe? 1896.

Janecki, Dr., Die staatsrechtliche Stellung des Polnischen Adels, ein Beitrag zum Streite über die Thronfolge im Fürstenthume Lippe. 1897.

Kahl, Prof. Wilhelm, Geh. Justizrath, Die Thronfolge im Fürstenthume Lippe. Sonderabdruck aus der Allgemeinen Zeitung. 1892.

Derselbe, Ebenbürtigkeit und Thronfolgerecht des Grafen zur Lippe-Biesterfeld. 1896.

Kekulé von Stradonitz, Dr., Die staatsrechtliche Stellung der Grafen zu Dohna. 1896.

Derselbe, Untersuchungen zur Lippeschen Thronfolgefrage.
- Heft I. Der Fall Fontanier. 1897.
- Heft II. Die Ahnen der Modeste von Unruh. 1897.
- Heft III. Der Status der Modeste von Unruh. 1897.

Laband, Paul, Professor, Die Thronfolge im Fürstenthum Lippe. 1891.

Derselbe, Der Streit über die Thronfolge im Fürstenthum Lippe. 1896.

Reuling, Wilhelm, Justizrat, Die Thronfolge im Fürstenthume Lippe. 1895.

Derselbe, Der status causae et contraversae des Lippeschen Thronfolgestreites. 1897.

Derselbe, Das Ebenburtsrecht des Lippeschen Hauses. Mit Anlageheft. 1897.

Ribbentrop, Amtsrichter, Die Grundsätze der Ebenbürtigkeit im Fürstlich Lippeschen Hause. 1891.

Schulze, Dr. Hermann, Professor, Die Succession im Fürstenthum Lippe 2c. 1878.

Derselbe, Nachtrag zu diesem Gutachten. 1885.

Westrum, Justizrath, Zur Lippeschen Erbfolgefrage. 1895.

v. Weyhe-Eimke, Die rechtmäßigen Ehen des hohen Adels 2c. 1895.

Zängerle, Rechtsanwalt, Die Thronfolge in Lippe-Detmold. 1896.

Zachariä, Dr. H. A., Staatsrath u. Prof., und Zöpfl, Geh. Hofrath u. Prof., Zwei Rechtsgutachten, die Ebenbürtigkeitsfrage im Fürstl. u. Gräfl. Hause Lippe betr. 1875.

Druck von Metzger & Wittig in Leipzig.